밥 힘으로 살아온 우리 민족

밥 힘으로 살아온 우리 민족

ⓒ 김아리, 조아름, 2024

1판 1쇄 펴낸날 2024년 2월 5일
글 김아리 **그림** 조아름
편집 우순교 **디자인** 박정아
펴낸이 강무홍 **펴낸곳** 햇살과나무꾼
출판등록 2009년 7월 8일 (제313-2004-54호)
주소 서울시 영등포구 당산로54길 11 상가 305호
전화 02-324-9704
전자우편 namukun@namukun.com
ISBN 979-11-976957-5-9(73380)

*신저작권법에 따라 한국 내에서 보호를 받는 저작물이므로 무단 전재와 무단 복제를 금합니다.

밥 힘으로 살아온 우리 민족

글 김아리 | 그림 조아름

햇살과나무꾼

우리 음식에 담긴 우리의 역사와 문화

흔히 우리 민족은 '밥심으로 산다'고 합니다. '밥심'은 밥을 먹고 나서 생긴 힘이라는 뜻으로, 오랜 세월 우리 민족의 주식이 밥이었기에 생긴 말입니다. 지정학적 위치 때문에 외부 침략을 숱하게 받는 등 고난이 많았던 우리 민족은 밥심 덕분에 전쟁의 폐허 속에서도 다시 힘을 내어 일어날 수 있었습니다.

그렇다고 우리 민족이 밥만 먹고 살았다는 뜻은 아닙니다. 우리나라는 산과 들이 조화롭게 어우러지고 삼면이 바다로 둘러싸여 있어 각종 음식 재료가 풍성합니다. 우리 조상은 이런 좋은 음식 재료들을 활용해 건강하고 맛있는 우리의 전통 음식들을 만들었습니다. 우리의 전통 음식인 한식은 오늘날 세계적으로도 인기가 있지요. 이미 오래전부터 비빔밥, 불고기, 김치는 세계에 널리 알려진 메뉴입니다. 특히 비빔밥은 각종 채소와 나물이 잘 배합되어 건강에 좋은 음식으로 평가받습니다. 김치는 한국식 샐러드로 알려지기도 했지요.

그런데 우리는 우리의 전통 음식에 대해 얼마나 알고 있을까요? 우리는 언제부터 밥을 먹었고, 불고기는 언제부터 먹기 시작했을까요? 역사를 보면 우리 겨레의 문화가 보이고, 우리의 환경과 이에 적응한 겨레의 지혜가 엿보입니다. 고조선 때부터 밥(당시는 잡곡밥)을 주식으로 삼았던 우리 조상들은 삼국 시대에 접어들면서 밥과 반찬을 나누어 먹기 시작했고, 벼농사가 널리 퍼지면서 왕과 귀족들은 흰 쌀밥도 먹었습니다. 세계인이 모두 맛있어하는 불고기의 원조는 고구

려의 '맥적'입니다. 맥적은 당시 중국에서도 아주 맛있는 고구려 음식으로 알려졌다고 합니다.

이밖에도 우리 역사에 등장하는 왕이나 유명한 인물들의 이야기에는 음식과 관련된 것들이 많습니다. 가령 삼국 통일의 기틀을 마련한 김춘추는 먹보 대왕이었다고 합니다. 『삼국유사』에는 그가 하루에 먹는 어마어마한 음식의 양에 대한 기록이 있는데, 먹성이 정말 대단했던 것 같습니다.

또 우리가 즐겨 먹는 반찬들에도 우리 민족이 살아온 이야기가 가득합니다. 축하할 일이 있을 때 먹는 음식에는 좋은 기원이 담겨 있습니다. 절기마다 특별식을 먹는 우리의 풍습에는 맛있는 절기 음식을 먹고 다시 힘을 내어 열심히 살아 보자는 뜻이 담겨 있습니다. 음식으로 일과 휴식을 조절한 선조들의 멋진 지혜가 돋보입니다.

이 책은 이러한 우리 음식 이야기를 통해 우리의 역사와 문화를 알고 그 의미를 짚어 보고자 합니다. 즐겁게 읽으며 지금 우리가 먹는 음식은 역사에 어떻게 기록될지, 우리 음식의 미래는 어떠할지도 함께 생각하고 상상해 보았으면 좋겠습니다.

2024년 1월 김아리

제1장 우리나라 음식 문화의 기원

구석기 시대, 불의 발견과 요리의 시작 _ 10
신석기 시대, 농사와 목축의 시작 _ 15
우리 역사가 시작된 고조선 시대의 음식 _ 21
밥, 장, 김치가 차려진 삼국 시대 밥상 _ 28

제2장 음식이 있는 옛이야기

삼국 시대의 먹보 대왕과 온달 이야기 _ 34
고려 시대, 차례와 다방의 유래 _ 43
조선 시대 신선로와 이지함의 쇠로 만든 갓 _ 50
임금의 식사 _ 63

제3장 밥과 장, 김치 이야기

밥 힘으로 살아온 우리 민족 _ 74
우리 음식의 맛을 내 주는 간장, 된장, 고추장 _ 82
우리의 대표 반찬, 김치의 역사 _ 89

제4장 가지가지 반찬 이야기

맥적에서 설렁탕까지 소고기 이야기 _ 100
복과 건강을 주는 돼지고기 이야기 _ 104
친숙하고 맛 좋은 닭고기 이야기 _ 107

값싸고 맛있는 가지가지 생선 이야기 _ 111
오징어, 낙지, 문어 이야기 _ 118
향긋한 자연의 선물, 나물 이야기 _ 126

제5장 세시 풍속과 음식 이야기

한 해의 시작 _ 134
따스하고 화사한 봄 _ 139
한여름 나기 _ 145
풍성한 가을 _ 149
한 해의 마무리 _ 153

제6장 맛과 멋이 어우러진 별식 이야기

장수를 비는 별식, 국수 _ 158
모양도 맛도 가지가지, 떡 이야기 _ 161
귀한 옛날 과자, 과즐 _ 170
멋스럽고 향긋한 전통 음료수 _ 177

제7장 지금 우리의 음식 문화

새롭게 등장한 음식 _ 182
무엇을 먹을 것인가? _ 189

부록 옛날에도 요리책이 있었을까?

우리나라 음식 문화의 기원

　인류는 먹고 살기 위해 끊임없이 노력해 왔습니다. 먹을 것을 구하기 위해 도구를 만들면서 인류의 문명이 시작되었습니다. 또 가축을 기르고 농사를 짓기 시작하면서 새로운 문화를 창조하며 발전할 수 있었습니다. 그래서 인간이 먹기 위해 이룬 일들을 찾아보면 자연스럽게 인간의 역사를 알 수 있게 됩니다.

　아주 오래전 이 땅에 살았던 구석기 시대와 신석기 시대 사람들은 무엇을 어떻게 먹고 살았을까요? 또 우리 민족의 시조인 단군의 시대에는 어떤 음식을 먹었을까요?

구석기 시대, 불의 발견과 요리의 시작

도구를 사용하기 시작하다

이 푸르고 아름다운 지구에 원시 인류가 등장한 것은 몇백만 년 전이라고 합니다. 원시 인류는 지금의 우리와는 조금 달랐습니다. 오늘날 우리와 같은 인류가 있기 전까지 많은 인류의 조상들이 있었지요. 그러다가 지금 우리의 조상인 호모 사피엔스가 등장하여 약 4~5만 년 전부터 지구상에 널리 퍼져 살기 시작했다고 합니다.

원시 시대 인간에게 가장 중요한 일은 먹을 것을 구하는 것이었습니다. 기후가 따뜻한 시절에는 자연이 곧 풍성한 식탁이었습니다. 부드럽고 향긋한 풀잎, 나뭇잎의 새순, 달콤한 꽃, 열매, 뿌리, 새의 알, 여러 가지 곤충을 찾아서 먹었지요. 또 쥐와 새 같은 작은 동물들도 잡아먹었고요. 그러나 이때까지만 해도 아직 불을 사용할 줄 몰랐기 때문에 모두 날것으로 먹어야 했습니다.

원시 시대 사람들은 손의 힘만으로 여러 가지 식물을 채집하고 동물들을 잡아야 했습니다. 그것은 너무나 힘이 들었습니다. 그래서 도구를 만들기 시작했지요. 돌멩이를 사용한다거나 나뭇가지로 막대기를 만들어 사용하는 정도였지만, 이 도구들은 아주 쓸모가 많았습니다.

호두처럼 딱딱한 껍데기를 가진 식물도 돌멩이로 깨뜨려 쉽게 까서 먹을 수 있었습니다. 나뭇가지로 땅을 쓱쓱 뒤적이면 맛있는 식물의 뿌리를 좀 더 쉽게 캐 먹을 수 있었습니다. 또 돌과 막대기를 던져 달아나는 쥐와 새도 더 잘 잡게 되었습니다.

그러다가 그냥 돌멩이보다는 깨진 돌이 더 편리하다는 것을 알게 되었습니다. 깨진 돌은 끝이 날카로워 무엇을 자르거나 벨 때 매우 쓸모가 있었습니다. 돌멩이를 깨뜨려 날카로운 부분을 이용하면 쉽게 고기의 가죽

을 벗기고 살코기를 발라낼 수 있었습니다. 또 이전에는 잡은 고기를 이와 손으로 물고 뜯고 하면서 힘들게 먹어야 했습니다. 그런데 깨진 돌의 날카로운 면을 이용해 고기를 잘게 토막 내니 좀 더 편하게 먹을 수 있었습니다.

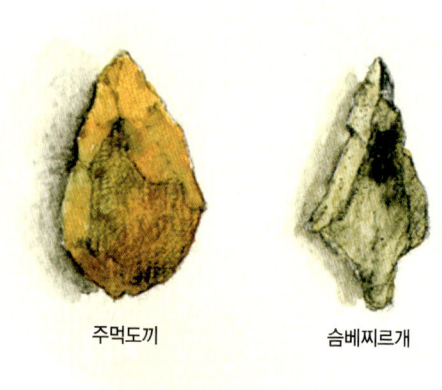

주먹도끼   슴베찌르개

위대한 발견, 불

　인간의 역사에서 불의 발견은 가장 위대한 발견 가운데 하나였습니다. 불은 추위를 막아 주고 무서운 맹수들의 접근도 막아 주었기 때문입니다. 불은 음식의 역사에도 큰 변화를 가져왔습니다. 이전까지는 날것으로 먹었는데, 불을 발견하고부터는 따뜻하고 부드럽게 익혀 먹을 수 있게 된 것입니다.

　인간이 불을 이용하게 된 계기는 벼락과 산불 같은, 자연적으로 발생한 불을 경험하면서부터였습니다. 숲에 벼락이 떨어져서 나무에 불이 붙는 경우가 있습니다. 또 오랫동안 비가 오지 않아 건조한 바람이 심하게 불면, 숲의 마른 가지들이 서로 부딪히면서 자연적으로 불이 일어나기도 했습니다. 이런 경우에는 큰 산불이나 들불로 번져 숲에 사는 동물과 사람들 모두에게 무서운 재앙이 되곤 했습니다.

이때까지만 해도 원시 시대 사람들은 동물들과 마찬가지로 불을 보면 두려워서 도망을 갔습니다. 어느 날 산불이 꺼진 뒤, 불탄 곳을 지나던 사람들은 불에 타 죽은 토끼를 발견했을지도 모릅니다. 그들은 나무 막대기로 토끼를 한번 찔러 보았겠지요? 그러자 '푹신' 소리가 나면서 까맣게 그을린 토끼의 살 속에 나무 막대기가 쉽게 꽂혔겠지요. 그냥 죽은 토끼였다면 가죽과 살이 질겨서 나무 막대기가 쉽게 들어가 박히지 않았을 겁니다.

사람들은 이상해서 검은 재를 털어 내고 나무 막대기를 이리저리 움직여 보았을 겁니다. 불에 구워진 토끼 고기는 쉽게 살이 벌어졌을 것이고, 그 사이로 따뜻한 김이 모락모락 올라오면서 근사한 냄새가 풍겼겠지요? 사람들은 코를 벌름거리며 좋은 냄새를 맡아 보다가 탄 부분을 떼어 내고 익은 토끼의 살을 먹어 보았을 것입니다. 피비린내를 맡으며 먹던 생고기와는 전혀 다른 맛을 느꼈겠지요. 질기지도 않고 입에서 스르르 녹는 맛이 그만이었겠지요. 이렇게 해서 불에 구워진 고기가 맛있다는 사실을 알게 된 원시인들은 그 뒤로 산불이 날 때 불씨를 얻어 꺼지지 않게 잘 간수했습니다. 그리고 짐승이나 물고기를 잡으면 불씨를 키워 구워 먹었습니다.

인간이 동물과 구분되는 중요한 점 가운데 하나가 불을 다룰 줄 안다는 점입니다. 인간은 불을 다룰 줄 알게 되면서부터 따뜻한 불을 쬐고 익은 고기를 먹는, 좀 더 편안한 삶을 누리게 되었습니다. 모닥불 곁에 앉아 사냥 계획도 세우고, 돌 도구를 더 날카롭게 다듬고, 다른 새로운 도구들도 만들어 보게 되었습니다.

구석기 시대 사람들은 무엇을 먹었을까?

우리나라에 살았던 구석기 시대 사람들은 무엇을 먹었을까요?
그들이 살았던 동굴을 살펴보면 먹은 것의 흔적을 찾아볼 수 있습니다. 가령 평양시 청청암 동굴에서는 멧돼지, 토끼, 곰, 노루, 사슴, 산양 등의 화석이 발견되었습니다. 이런 동물들을 오늘날의 바비큐처럼 모닥불에 구워 먹었을 것입니다.
또 유적은 남아 있지 않으나 강가에서 물고기를 잡았겠지요. 산과 들로 먹을 수 있는 식물들을 찾아다녔고요. 구석기시대 유적에서 발견된 꽃가루 성분을 분석한 결과에 따르면 고비, 고사리, 쑥, 개암 등을 채집해서 식량으로 삼았다고 합니다.

신석기 시대, 농사와 목축의 시작

빗살무늬토기에는 무엇을 담아 먹었을까?

구석기 시대는 신석기 시대로 이어집니다. 이러한 시대 구분은 인간이 어떠한 도구를 사용했는가에 따른 것입니다. 구석기 시대에는 돌을 깨서 사용했는데, 신석기 시대에는 돌을 갈고 다듬어서 사용했습니다. 돌도끼에서부터 돌화살촉까지 만들어 사용했지요. 이러한 도구들의 발명은 모두 인간이 먹을 것을 얻기 위해 노력한 결과였다고 할 수 있습니다.

그럼 돌도끼를 들고 사냥에 나서고 돌칼로 곡식을 거두었던 신석기 시대에는 무엇을 먹었을까요?

지금도 그렇지만 석기 시대에도 바닷가나 강가는 먹을거리를 쉽게 구할 수 있는 곳이었습니다. 쉽게 잡아서 먹을 수 있는 물고기와 조개 등이 있으니까요. 물가에서 가장 쉽게 잡을 수 있는 것은 조개로, 물고기를 잡으려면 나름대로 기술이 필요하지만 조개는 바닷가에서 쉽게 줍거나 딸 수 있었습니다.

신석기 시대 사람들은 바닷가나 강가에 터를 잡고 조개와 물고기를 잡아먹으며 살았습니다. 그리고 그곳에 조개무덤을 남겼습니다. 조개무덤이란 음식 쓰레기를 모아 둔 곳이라고 할 수 있습니다. 조개는 껍데기가 딱딱해서 오랜 세월 잘 변하지 않으므로 쌓아 둔 그대로 흔적이 남았습니다. 조개무덤에서는 여러 가지 조개 종류와 더불어 동물의 뼈도 발견되지요. 우리나라 바닷가에도 조개무덤의 유적들이 남아 있습니다.
　조개무덤과 함께 발견되는 신석기 시대의 유물 가운데 빗살무늬토기가 있습니다. 빗살무늬토기는 아이스크림콘처럼 생겼고 중간에 빗살무늬가

그려져 있습니다. 그런데 빗살무늬토기를 보면 이런 의문이 생깁니다. 바닥이 뾰족한 빗살무늬토기를 어떻게 세워 둘 수 있었을까요? 그리고 거기에 무엇을 담아서 먹었을까요?

빗살무늬토기

이 의문을 풀려면 먼저 신석기 시대 사람들이 살았던 유적을 살펴봐야 합니다. 신석기 시대 사람들은 땅을 파고 움집을 짓고 살았습니다. 그 움집터에는 빗살무늬토기의 크기와 딱 맞아떨어지는 구멍들이 바닥에 남아 있습니다. 이것을 통해 빗살무늬토기는 땅을 파고 세워 두었다는 것을 알 수 있습니다.

빗살무늬토기에는 채집해 온 열매나 씨앗 등을 담아서 보관했습니다. 그러나 빗살무늬토기에 물을 부어 국이나 밥을 지어 먹지는 못했을 것입니다. 빗살무늬토기는 흙으로 빚어서 불에 구운 비교적 단단한 토기이긴 하지만 아직은 솥이나 냄비의 역할은 할 수 없었습니다. 만약 빗살무늬토기에 국을 끓인다면 흙가루가 섞이고 말 것이기 때문입니다.

한편 신석기 시대 중반 이후부터 인류는 농사를 짓기 시작했습니다. 이때의 유적에서는 밑이 편평한 무늬 없는 토기들이 발굴되고 있습니다. 이때부터 비로소 토기에 음식을 조리하기 시작했습니다. 본격적으로 토기가 음식 조리 기구로 쓰이게 된 것입니다.

농사와 목축을 시작하다

　신석기 시대에는 또 하나의 큰 발견이 있었습니다. 이전에는 산과 들을 돌아다니며 먹을 것을 얻는 채집 생활을 했습니다. 그런데 신석기 시대에 이르러서는 집 주변에 먹을 것들을 직접 심어서 길러 먹는 농사가 시작된 것입니다.

　신석기 시대 사람들은 야생의 과일이나 열매들을 채집하면서, 한편으로는 야생 보리나 야생 밀과 같은 작은 낟알도 모았습니다. 야생 보리나 야생 밀은 지금처럼 통통한 낟알이 붙어 있는 것이 아니라 강아지풀처럼 보잘것없이 생겼습니다.

　이삭을 털면 좁쌀보다 작은 알갱이들이 나오는데 당시에는 이런 것들도 털어서 모았을 것입니다. 그리고 이 야생 곡식들을 빗살무늬토기에 담아 두면 과일이나 풀보다 오래 저장할 수 있어서 좋았습니다.

　어느 봄날, 지난가을에 낟알이 떨어진 땅에서 파랗게 싹이 올라옵니다. 파란 싹은 무럭무럭 푸르게 자라나더니 가을이 되자 줄기 끝에 묵직한 이삭을 달았습니다. 이삭은 지난해 거두었던 곡식과 같은 낟알을 가득 달고 있었습니다. 지난해 우연히 땅에 떨어진 낟알 한 개가 이삭 가득 많은 낟알을 매달고 서 있었던 것입니다.

　사람들은 이렇게 해서 낟알을 땅에 묻으면 봄에 싹이 나고 가을이면 더 많은 낟알을 맺는다는 것을 알게 되었습니다. 그 뒤로 사람들은 자기가 정한 곳에 낟알을 묻고 다음해가 오기를 기다렸습니다. 이것이 농사의 시작이었습니다. 물론 본격적으로 농사를 짓기까지는 많은 세월이 필요했고 많은 사람의 노력과 지혜가 보태져야 했습니다.

농사가 시작되면서 돌 도구도 더 다양하게 개발되었습니다. 곡식을 거두는 데 쓰이는 반달 모양의 돌칼도 있었고, 판판한 돌 위에 곡식을 놓고 둥글넓적한 돌을 굴려서 부수는 갈돌도 있었습니다. 갈돌 덕분에 사람들은 미숫가루도 만들고 곡식을 갈아서 죽을 만들어 먹거나 떡도 만들어 먹었겠지요.

반달돌칼

갈돌

이러한 신석기 시대의 발명품들은 오늘날에도 세계 곳곳에서 사용되고 있습니다. 아메리카 대륙의 몇몇 원주민들이나 인도, 동남아시아 지역에서는 아직도 갈돌과 같은 기구를 사용하여 요리하기도 합니다. 갈돌은 간단하고 편리한 다목적 주방용품이기 때문입니다.

신석기 시대 사람들은 이렇게 농사를 시작하면서 인류 역사에서 또 한 가지 획기적인 일을 시작했습니다. 바로 야생 동물들을 길들여 가축으로 기르기 시작한 것입니다.

야생에서 날아다니던 닭은 이때부터 길들여져서 지금처럼 날갯짓이 서툴어져 버렸다지요. 또 야생에서 늑대처럼 떼지어 다니던 들개들도 오랫동안 인간의 품에서 자라 지금과 같은 개가 되었습니다.

옛사람들은 어쩌다가 동물을 길들이게 되었을까요? 사냥을 하다 보면 어미를 잃은 새끼 새나 짐승을 얻는 경우가 있었겠지요. 신석기 시대 사람들은 이런 새끼 새나 짐승들을 집으로 데려와 길렀습니다. 그리고 집에서 짐승들을 기르다 보니 자기들끼리 새끼를 낳는 것까지 보게 되었습니다. 결국 힘들게 사냥하는 것보다 집에서 동물들을 기르는 것이 훨씬 편리하다는 것을 알게 되었겠지요.

이렇게 해서 신석기 시대부터 사람들은 야생 동물들을 가축으로 길들여 그들의 젖을 먹고 고기도 먹을 수 있었습니다. 식생활이 다양하고 풍족해짐에 따라 생활도 더욱 안정되었겠지요.

시대별 주요 먹을거리

구석기 시대	명아주, 쑥, 냉이, 고사리, 솔잎, 마, 칡, 도라지, 토란, 더덕, 구기자, 대추, 밤, 애벌레, 벌레, 가재, 물고기 등
신석기 시대	물고기, 조개, 굴, 전복, 소라, 우렁이, 도미, 상치, 상어, 성게, 사슴, 산돼지, 도토리 등
신석기 시대 말기	위의 식품들 외에 피, 조와 같은 곡식 등

우리 역사가 시작된 고조선 시대의 음식

단군 신화의 쑥과 마늘

신석기 시대 이후를 청동기 시대라고 합니다. 청동으로 만든 칼이나 장신구들이 등장하는 시기입니다. 우리나라에서는 청동기 시대에 최초의 나라가 세워졌습니다. 단군이 세운 고조선입니다. 고조선을 건국한 단군의 이야기는 오늘날까지 단군 신화로 전해 내려오고 있습니다.

곰과 호랑이는 사람이 되고 싶어 환인의 아들 환웅에게 부탁했습니다. 환웅은 마늘 스무 통과 쑥 한 자루를 주면서 이것을 먹고 100일 동안 햇빛을 보지 않으면 사람이 될 것이라고 일렀습니다. 곰과 호랑이는 동굴 속으로 들어갔습니다. 호랑이는 며칠을 견디지 못하고 동굴을 뛰쳐나가 버렸습니다. 그러나 곰은 환웅의 말을 따라 스물하루 동안 동굴 속에서 쑥과 마늘만 먹고 지내 결국 여인이 되었습니다. 그 여인이 바로 웅녀입니다.

웅녀는 아기를 낳고 싶어서 다시 하늘에 간절히 기도를 올렸습니다. 환웅은 그 소원을 들어주기 위해 웅녀와 결혼했습니다. 그리하여 얼마 후 웅녀는 단군을 낳았습니다. 단군은 우리나라 최초의 국가인 고조선을 건국했습니다.

단군 신화에서 곰이 사람으로 변했다는 이야기는 사실이 아니라 상징적인 이야기입니다. 곰을 숭배하는 부족이 여러 부족을 모아 나라를 세우는 과정을 신성한 이야기로 만든 것입니다. 실제로 그 당시 만주 지방과 한반도에는 이미 청동기 문화가 발달해 있었고 여러 부족이 흩어져 살아가고 있었습니다. 단군은 이러한 부족들을 통합하여 우리나라에 최초의 국가를 세웠습니다.

단군 신화에서 곰이 사람으로 변신하는 데 마늘과 쑥이 큰 역할을 했다는 점이 특이합니다. 이것은 우리나라에서 오랜 옛날부터 마늘과 쑥이 잘 자라고 많이 사용되었다는 것을 알려줍니다.

쑥은 어디서나 쑥쑥 잘 자랍니다. 제2차 세계 대전 때 일본에 원자폭탄이 떨어져 모든 것이 다 죽어 버렸는데도 쑥은 다음해 다시 살아났다고 합니다. 정말 놀라운 식물입니다. 우리나라에서는 이처럼 생명력이 강한 쑥을 즐겨 먹었습니다. 새봄에 싹을 틔워 올라오는 향긋한 쑥을 뜯어 넣어 끓인 쑥 된장국은 그 맛이 일품입니다. 또 쑥은 여러 가지 떡의 재료로 많이 쓰여서 '떡풀'이라는 별명도 갖고 있습니다. 쑥으로 만든 떡으로는 쑥개떡, 쑥버무리, 쑥절편, 쑥인절미, 쑥송편 등이 있습니다.

우리나라 음식은 마늘을 빼놓고 말할 수 없습니다. 마늘은 음식의 맛을 내는 중요한 양념 가운데 하나입니다. 국, 나물, 고기, 김치 모두 마늘이 안 들어가면 맛이 나지 않습니다. 단군 신화에 나오는 마늘은 지금 우리가 먹는 마늘보다 알이 작은 달래 종류였을 거라고 보기도 합니다. 지금 우리가 먹는 마늘은 훨씬 뒤에 우리나라에 들어왔고 한자로 마늘을 나타내는 '산(蒜)'은 달래도 가리키기 때문입니다.

마늘과 달래는 모두 따뜻한 성질이 있습니다. 추운 만주 지역을 무대로 활동했던 단군 시대 사람들이 추위를 이기는 데 도움을 주었겠지요. 단군 신화는 이런 배경에서 마늘을 인내와 끈기를 길러 주는 신비한 약으로 이야기했을 것입니다.

5천 년 전의 식사

지금으로부터 약 5천 년 전, 단군 시대의 사람들은 그 밖에 어떤 음식들을 먹었을까요? 고조선에서는 여러 가지 곡식 농사를 지었습니다. 주로 보리, 콩, 조, 수수 등이었습니다. 벼도 있기는 했습니다. 그러나 이때까지만 해도 벼가 아주 귀한 곡식이었지요. 그래서 왕이나 귀족들만 먹을 수 있었습니다.

그러면 이런 곡식으로는 어떤 음식을 만들었을까요? 유물들을 보며 짐작해 봅시다. 신석기 시대부터 사용했던 '갈돌'은 곡식을 빻아 가루로 만들어 주는 도구여서 청동기 시대에도 여전히 애용되었습니다. 또 시루도 발견됩니다. 시루는 음식을 찌는 기구입니다. 시루로 음식을 찌려면 시루 말고도 솥이 필요합니다. 아래 솥에 물을 담고 그 위에 밑바닥에 구멍이 여러 개 뚫려 있는 시루를 올려놓습니다. 그리고 밑에서 불을 때면 아

래 솥에서 물이 끓으면서 뜨거운 수증기가 위에 있는 시루의 음식을 익힙니다. 고조선에서는 시루에 곡식의 알곡을 그대로 쪄서 먹었답니다.

그 밖에 여러 종류의 그릇을 사용하는데, 그중에는 뚝배기와 접시들도 보입니다. 숟가락도 이미 사용하고 있었습니다. 나무를 파서 만든 그릇과 대나무로 짜서 만든 바구니도 썼습니다. 5천 년 전의 유물과 유적들을 살펴보면 이미 훌륭한 음식 문화가 발달해 있었음을 알 수 있습니다.

고구려 건국과 주몽의 씨앗 주머니

청동기 시대는 철기 시대로 이어집니다. 이때는 철로 된 농기구가 만들어지면서 농업이 크게 발전했습니다. 농업이 발전하면서 농사를 짓기 위해 정착한 사람들이 모여 커다란 부족을 형성하게 되었습니다. 또 몇 개의 부족이 모여 하나의 부족 국가가 되기도 했습니다. 우리나라 철기 시대에는 부여, 고구려, 옥저, 동예, 삼한 등의 부족 국가가 있었습니다.

그 이후 고구려, 신라, 백제 세 나라가 세워지면서 본격적인 고대 국가의 모습을 갖추게 되었습니다. 이때를 삼국 시대라고 합니다. 우리나라에서는 삼국 시대부터 본격적인 농사가 시작되었습니다. 농사를 통해 백성들의 살림이 안정되자 문화도 크게 발전했습니다.

삼국 중에서 가장 먼저 고대 국가의 모습을 갖춘 고구려에는 건국과 관련된 재미있는 신화가 전해 오고 있습니다. 고구려의 건국 신화는 주몽이 새로운 나라 고구려를 세우는 과정을 이야기하고 있습니다. 그런데 이 이야기에는 주몽이 고구려의 식량이 될 곡식의 씨앗을 얻는 이야기도 들어 있습니다. 주몽은 고구려를 세웠을 뿐만 아니라 고구려에 농사도 보급했던 것입니다.

고구려 건국 신화의 내용은 다음과 같습니다.

유화는 원래 물을 다스리는 왕인 하백의 딸이었습니다. 어느 날 햇빛이 유화의 배를 비추자 임신하게 되었습니다. 이 사실을 안 유화의 아버지 하백은 크게 화가 나 유화를 쫓아내 버렸습니다.

집에서 쫓겨난 유화는 동부여의 금와왕 왕궁에서 주몽을 낳았습니다. 주몽은 자라면서 비범한 재주를 보였습니다. 금와왕의 일곱 아들 중에는 주몽과 대적할 만한 사람이 없었습니다. 그러자 금와왕의 왕자들은 주몽이 자신들의 나라를 차지하게 될까 봐 두려워서 그를 처치하려고 했습니다.

유화는 금와왕의 아들들이 주몽을 죽이려는 것을 알아채고 주몽을 불렀습니다.

"주몽아, 금와왕의 왕자들이 너를 죽이려 하는구나. 그러니 이곳을 떠나라. 그러나 이것만은 잊지 마라. 너는 하늘의 아들이고, 물의 왕이신 하백의 손자임을."

유화는 떠나는 아들에게 다섯 가지 곡식의 씨앗을 싼 주머니를 건네주었습니다. 주몽은 남쪽으로 도망쳤는데 강이 앞을 가로막아 흐르고 있었습니다. 그것을 본 주몽은 강물을 향해 소리쳤습니다.

"나, 주몽은 하늘의 아들이고 물의 왕이신 하백의 손자다."

그러자 물고기와 거북들이 물 위로 떠올라 다리를 만들어 주었습니다. 덕

분에 주몽은 무사히 강을 건넜습니다.

　그런데 주몽은 잊어버리고 어머니가 주신 곡식 씨앗 주머니를 가져오지 못했습니다. 어느 날 주몽이 큰 나무 아래에서 쉬고 있는데 비둘기 한 쌍이 날아왔습니다. 주몽은 화살 한 개로 비둘기 두 마리를 한꺼번에 맞혀 떨어뜨렸습니다. 놀랍게도 비둘기의 배 속에는 주몽이 잊고 가져오지 못한 오곡의 씨앗이 들어 있었습니다. 그 비둘기들은 유화가 주몽에게 곡식 씨앗을 전하기 위해 보낸 비둘기였던 것입니다.

역시 어머니는 자식들을 먹여 살리는 분입니다. 주몽이 고구려를 건국한 후 이 곡식 씨앗은 새 나라의 식량을 보장하는 가장 귀한 보물이 되었습니다. 새로운 나라를 세우는 것도 중요하지만, 새 나라를 번성하게 하려면 백성들이 먹을 것이 있어야 하기 때문입니다.

밥, 장, 김치가 차려진 삼국 시대 밥상

삼국 시대부터 먹어 온 잡곡밥

우리 민족은 기원전 천 년경부터 곡식으로 밥을 해 먹었습니다. 삼국 시대에는 조, 수수, 콩, 보리를 많이 먹었습니다. 메주콩은 만주와 한반도가 원산지이므로 오래전부터 먹어 온 곡물입니다. 콩은 어디서나 잘 자라고 가뭄에도 잘 견디므로 당연히 주로 먹는 주식이었겠지요. 보리는 한반도 남부 지방에서 많이 기르던 작물입니다. 짧은 기간에 잘 자라고 가뭄에도 잘 견딥니다. 한편 조와 수수는 북쪽 지방에서 많이 기르던 작물입니다.

6세기 이후에는 벼가 본격적으로 재배되기 시작했습니다. 그러나 쌀밥은 아무나 먹을 수 없었습니다. 쌀은 매우 고급 음식이어서 왕이나 귀족들만 먹을 수 있었지요. 보통 사람들은 대개 보리, 조, 콩 등의 잡곡을 섞어 먹었습니다.

잡곡밥

고구려의 간장과 불고기

 우리나라는 콩을 이용한 음식이 발달했습니다. 고구려에서는 콩과 소금을 함께 발효시켜 된장과 간장을 만들었습니다.

 장을 만들기 위해서는 콩을 삶아서 메주를 쑤어야 합니다. 메주로 간장을 담그려면 소금물에 메주를 담가 발효되기를 기다려야 됩니다. 간장을 그대로 1년 이상 묵히면 그 맛이 소금만큼 짜집니다. 그러면서도 깊은 감칠맛이 나는 짠맛을 냅니다. 고구려의 맛깔난 간장 만드는 솜씨는 당시 중국에서도 부러워할 정도였습니다.

 이런 간장은 돼지고기나 노루고기를 재우는 데도 쓰였습니다. 잡아 온 멧돼지를 통째로 간장독에 넣어 재우기도 했다고 합니다. 고구려의 '맥적'은 바로 고기를 간장에 재워 두었다가 마늘 등으로 양념을 해서 숯불에 구워 먹는 고기 요리입니다. 고구려의 맥적은 우리나라 불고기의 원조가 되는 음식으로 당시 중국에서도 알아주는 맛있는 음식이었습니다.

된장은 신라 왕비의 결혼 선물

 된장은 부여와 고구려에서 일찌감치 만들어 먹었습니다. 신라에서도 된장은 중요한 음식이었던 것 같습니다. 신라의 신문왕이 혼례를 치를 때 왕비가 가져온 결혼 선물 목록에도 들어 있습니다.

 "폐백 15수레. 쌀, 술, 기름, 간장, 된장, 포, 해(젓갈)가 135수레. 벼 150수레."

 여기서 폐백 옷감을 빼면 모두 음식물입니다. 그중에서도 눈길을 끄는 것은 간장, 된장, 해, 술입니다. 모두 발효 식품입니다. 예부터 우리나라 사람들은 발효 식품을 잘 만들었음을 알 수 있습니다.

된장은 먹기도 했지만 연고처럼 쓰기도 했습니다. 얼마 전까지만 해도 시골에서는 벌에 쏘이거나 상처를 입으면 상처 난 자리에 된장을 발랐습니다. 신라 시대에도 호랑이에 물린 상처에 흥륜사의 된장을 바른 뒤 나았다는 기록이 남아 있습니다. 오랜 역사를 가진 민간요법이지만, 상처가 덧날 위험이 있습니다. 된장은 바르는 약이 아니라 먹는 음식입니다.

일본에 김치를 전해 준 백제인

삼국 시대의 김치는 무, 부추, 달래 등을 소금에 절인 것이었습니다. 곡식으로 술을 빚어, 술을 걸러 내면 술 냄새가 나는 곡식 찌꺼기가 남는데 이것을 술지게미라고 합니다. 술지게미에 소금을 넣어 야채를 절이기도 했습니다. 이러한 것은 김치보다는 장아찌에 더 가깝습니다.

  술지게미를 이용해 야채를 절이는 방법은 일본에도 전해졌습니다. 일본의 단무지는 백제 사람 '수수허리'가 일본에 전해 준 것으로 밝혀졌습니다. 수수허리는 일본에 건너가 누룩으로 술을 빚는 기술을 전했지요. 일본에서 가장 오래된 책인『고사기』에는 백제에서 건너온, 술 잘 빚기로 유명한 수수허리 형제가 술을 빚어 일본 왕에게 바쳤더니 일본 왕이 매우 기뻐하며 다음과 같은 노래를 불렀다고 기록되어 있습니다.

  "수수허리가 만든 술에 내가 취했네. 마음을 달래 주는 술, 웃음을 주는 술에 내가 취했네."

  수수허리는 술뿐 아니라 김치 담그는 법도 가르쳐 주었습니다. 술을 만드는 데 쓰였던 곡식 찌꺼기를 야채와 함께 버무려 발효시킨 것입니다. 그 흔적은 일본의 옛 절임 음식 이름에 남아 있습니다. '수수허리지'라는 것으로 채소, 순무 등의 재료를 곡류와 함께 소금에 절인 음식이라고 합니다. 오늘날 일본의 단무지는 시들시들 말린 무를 쌀겨와 소금에 절여서 만들고 있으니 수수허리지를 담그는 방법을 그대로 계승하고 있는 셈입니다.

음식이 있는 옛이야기

우리는 날마다 음식을 먹습니다. 생명을 유지하고 힘차게 살아가려면 반드시 음식을 통해 에너지를 얻어야 하니까요.

그래서 오랜 인류의 역사 속에는 음식과 관련된 이야기가 많이 남아 있습니다. 우리 민족의 역사에도 음식과 관련된 이야기가 많습니다.

이 장에서는 삼국 시대, 고려 시대, 조선 시대의 음식과 관련된 옛이야기를 통해 옛 음식에 숨은 사연들을 알아봅니다. 옛이야기를 통해 음식의 역사를 알고, 거꾸로 음식 이야기를 통해 우리 역사를 배울 수도 있습니다.

삼국 시대의 먹보 대왕과 온달 이야기

왕이 된 소금 장수

　삼국 시대에는 여러 가지 곡식으로 밥을 짓고 반찬을 곁들여 먹기 시작했습니다. 이때 반찬에 꼭 들어가야 하는 것이 있습니다. 바로 소금입니다. 사냥해서 잡은 짐승을 먹을 때는 짐승의 고기나 피에 이미 소금 성분이 들어 있어서 따로 소금을 먹을 필요가 없었습니다. 그러나 심심한 잡곡밥을 주식으로 먹으면 짭짤한 반찬이 필요합니다.

　소금은 아주 오래전부터 인류와 함께해 왔습니다. 우리나라에서는 고조선 시대부터 소금을 먹었다는 기록을 볼 수 있습니다. 그러다가 본격적으로 소금을 사고파는 수준에 이른 것은 고구려 때였습니다. 고구려는 일찍이 동해안에 있던 옥저를 정복하여 그곳에서 소금과 생선을 공급받았다고 합니다.

　고구려에는 소금 장수였던 왕도 있었습니다. 물론 왕이 되기 전의 일이지요. 그는 고구려의 미천왕입니다. 왕이 되기 전 이름은 을불이었습니다. 을불은 서천왕의 손자였습니다. 서천왕이 죽고 삼촌인 봉상왕이 왕이 되어 을불의 아버지를 죽이자, 을불은 자신도 죽임을 당할까 봐 도망쳤습니다. 을불은 신분을 감추고 압록강에서 배를 타고 강을 오르내리며 강변 마을에 소금을 팔며 살았습니다. 그렇게 온갖 고생을 하며 지내던 그는 훗날 고구려의 왕이 되지요.

을불이 압록강 주변 마을에 소금을 팔았다는데, 그 소금은 어떻게 쓰였

소금은 어떻게 만들어지나?

소금을 얻는 방법은 몇 가지가 있습니다. 바닷물을 증발시키는 방법이 있습니다. 또 바닷물을 끓이는 방법도 있습니다. 다른 나라에서는 산속 깊이 묻혀 있는 소금을 캐내기도 하는데 이러한 소금은 암염이라고 부릅니다.

을까요? 소금은 음식의 간을 맞추는 역할과 함께 식품을 저장하는 역할을 합니다. 당시 고구려에서는 이미 소금으로 김치와 장을 담가 먹었습니다. 그러니 김치와 장을 담그기 위해 고구려 사람들은 을불의 소금을 많이 사 주었겠지요.

먹보 대왕 김춘추

삼국을 통일하는 데 앞장섰던 태종 무열왕 김춘추는 김유신의 막내 여동생과 결혼한 일화로 유명합니다.

김유신에게는 보희와 문희라는 두 여동생이 있었습니다. 하루는 언니 보희가 꿈을 꾸었습니다. 서악(지금의 선도산)에 올라가 오줌을 누었는데, 오줌이 서라벌에 가득 차는 꿈이었습니다. 보희는 아침에 일어나 동생 문희에게 이 꿈 이야기를 했습니다.

그러자 동생 문희가 말했습니다.

"언니, 내가 그 꿈을 살래."

"그럼 꿈값으로 내게 무엇을 주련?"

언니 보희가 묻자, 문희는 주저 없이 대답했습니다.

"언니가 꿈을 주면, 나는 언니에게 비단 치마를 줄게요."

그래서 언니 보희는 이렇게 말했습니다.

"간밤 꿈을 내 동생 문희에게 주노라."

문희는 치마를 벌려 받는 시늉을 했습니다. 그리고 꿈값으로 비단 치마를 언니에게 주었습니다.

　얼마 뒤, 김유신이 김춘추와 공을 차며 운동을 하다가 일부러 김춘추의 옷자락을 밟았습니다. 그 바람에 김춘추의 옷고름이 떨어졌지요. 김유신은 김춘추더러 자기 집에 가서 옷고름을 꿰매자고 했습니다. 김유신은 먼저 보희에게 옷고름을 꿰매 달라고 했습니다. 보희는 외간 남자의 옷을 만질 수 없다며 사양했습니다. 그래서 문희에게 부탁했더니, 문희는 정성껏 옷고름을 꿰매 주었습니다.

　이 일을 계기로 김춘추는 김유신의 동생 문희와 사랑하는 사이가 되었습니다. 그리고 결혼까지 했습니다. 김춘추는 그 후 김유신과 함께 힘을 합쳐 신라가 삼국을 통일하는 기틀을 마련했습니다. 문희는 그의 아내인 문명 왕후가 되었고요. 언니의 꿈을 산 덕분이었을까요?

그런데 태종 무열왕은 많이 먹기로 유명했습니다. 그의 한 끼 식사 내용이 『삼국유사』에 기록되어 있는데 어마어마합니다.

"왕의 식사는 하루에 쌀이 서 말, 수꿩이 아홉 마리였다. 660년에 백제를 멸망시킨 뒤로는 점심을 없애고 아침과 저녁만 먹었는데, 그래도 이것을 합하면 하루에 쌀 여섯 말, 술 여섯 말, 꿩 열 마리였다."

　풍요로운 시대였음을 강조하기 위해 지어낸 이야기일 수도 있습니다. 아무튼 김춘추는 체격도 무척 컸던 모양입니다. 한때 고구려를 치려고 당나라에 군사를 빌리러 갔을 때 당나라 황제가 그의 풍채를 보고 칭찬하며 자신의 신하가 되어 달라고 했다니 말입니다.

느릅나무 껍질을 먹고 산 바보 온달

바보라고 손가락질 받던 고구려의 온달과 울보 공주 평강의 이야기를 알고 있나요?

고구려 평원왕에게는 '평강'이라는 딸이 있었는데 어려서부터 자주 울었습니다. 왕은 딸이 울면 언제나 농담삼아 말하곤 했습니다.

"그만 울음을 뚝 그쳐야지. 자꾸 그렇게 울면 바보 온달하고 혼인시킨다."

온달은 너무 가난해서 해진 옷을 걸치고 후줄근한 몰골로 밥을 얻으러 다녔습니다. 사람들은 그를 '바보 온달'이라고 불렀지만, 사실 온달은 홀어머니를 봉양하기 위해 밥을 구걸했던 효자였습니다.

평원왕은 딸이 나이가 차자 높은 벼슬을 하는 집안에 혼인시키기로 했습니다. 그러자 공주가 평원왕에게 말했습니다.

"어려서부터 아바마마께서는 제게 온달의 아내가 될 것이라고 하셨습니다. 임금은 거짓말을 하지 않으시는 법입니다. 그런데 지금 아바마마께서는 저에게 다른 사람과 혼인하라고 하십니다. 저는 아바마마의 뜻을 받아들일 수 없습니다."

평원왕은 딸의 대답에 벌컥 화를 냈습니다.

"기어이 아비의 명을 거역하겠다면 네 마음대로 하여라. 나가서 네 마음대로 살아!"

공주는 가지고 있던 금팔찌들을 가지고 궁을 나왔습니다. 그리고 사람들에게 물어 온달의 집을 찾아갔습니다. 작고 초라한 집에 온달은 없고 눈 먼 온달 어머니만 있었습니다. 공주는 온달 어머니의 손을 잡고 물었습니다.

"어머님, 온달님은 어디 계신가요?"

온달 어머니는 가만히 공주의 목소리를 듣더니 이렇게 대답했습니다.

"좋은 향기와 부드러운 손을 가지신 그대는 귀한 분이신 것 같은데, 어찌하여 보잘것없는 우리 아들을 찾으십니까? 온달은 집에 먹을 것이 없어서 느릅나무 껍질을 벗겨 오려고 산에 가고 없습니다."

공주는 온달의 어머니께 인사를 드리고 산 밑에서 온달을 기다렸습니다. 한참 기다리자 온달이 느릅나무 껍질을 지고 내려오는 것이 보였습니다. 공주는 온달에게 자신을 받아 달라고 말했습니다.

온달은 화를 내며,

"얌전한 아가씨가 이런 짓을 할 리가 없지. 너는 여우냐, 귀신이냐? 가까이 오지 마라."

하고 혼자 가 버렸습니다.

공주는 다음날 다시 온달 집으로 찾아가 그동안의 일을 자세히 이야기했습니다. 결국 공주는 온달과 그 어머니를 설득했습니다. 그리고 가지고 온 금팔찌들을 팔아서 살림을 마련했습니다.

공주는 온달에게 공부도 시키고 무예도 닦게 했습니다. 중국이 고구려를 공격해 오자 온달이 앞장서서 용감하게 싸워 크게 승리를 거두었습니다. 평원왕도 이 소식을 듣고 흔쾌히 온달을 사위로 인정하고 높은 벼슬을 내렸습니다.

온달과 평강 공주 이야기 속에는 가난한 고구려 백성들이 먹었던 것이 나옵니다. 바로 느릅나무 껍질입니다. 우리나라뿐 아니라 어느 나라라도 먹을 것이 없을 때는 풀뿌리와 부드러운 나무껍질을 먹으면서 배고픔을 이겨냈던 역사가 있습니다.

우리나라에서는 흉년이 들어 먹을 것이 없을 때 느릅나무나 소나무의 부드러운 속껍질을 벗겨서 먹었습니다. 조선 시대는 물론이고 일제 강점기에도 일본에 식량을 모두 빼앗긴 사람들이 먹어야 했던 것 중 하나가 느릅나무와 소나무의 껍질이었습니다.

먹을 것이 없어서 나무껍질을 먹고 살아야 하는 역경이 있었어도 우리 민족은 잘 이겨냈습니다. 온달이 앞을 못 보는 홀어머니를 모시고 나무껍질을 먹으며 살았지만, 결국은 고구려를 지킨 훌륭한 온달 장군이 된 것처럼 말입니다.

마를 캤던 백제의 무왕

백제의 무왕은 어린 시절에 아주 불우한 생활을 했습니다. 왕실 출신이었지만 그가 태어나기 전에 아버지가 돌아가셨기 때문입니다. 그는 어린 시절에 산과 들을 떠돌며 '마'를 캐서 팔아 근근이 살았습니다.

마는 요즘에는 자주 볼 수 없지만 몸에 좋은 식품으로 알려져 있습니다. 마는 무처럼 땅속에서 자라는 뿌리채소입니다. 백제에서는 마를 많이 먹었나 봅니다. 음식은 보통 많이 생산되고 쉽게 접할 수 있는 재료로 만듭니다. 그래서 음식 재료도 시대마다 조금씩 바뀝니다. 백제 시대에는 특별히 재배되는 채소가 많지 않았을 테니까, 야생에서 캐는 마와 같은 식물을 이용해 음식을 만들었겠지요.

백제 무왕은 어린 시절에 서동이라는 이름으로 불렸습니다. 서동은 '마를 캐는 아이'라는 뜻입니다. 서동이 무왕이 되기 전, 어린 시절 이야기입니다.

서동은 부지런히 마를 캐며 열심히 살았습니다. 그러던 중 신라의 진평왕에게 딸이 셋 있는데, 셋째 딸 선화 공주가 가장 아름답다는 이야기를 들었습니다. 서동은 그 이야기를 듣고는 마를 한 가마니 캐서 짊어지고 신라의 수도 서라벌로 떠났습니다.

서라벌에 도착한 서동은 골목마다 돌아다니며 아이들에게 맛있는 마를 하나씩 나누어 주면서 다음과 같은 노래를 가르쳐 주고 부르게 했습니다.

"선화 공주는 남들 몰래 사랑을 하네. 서동을 밤마다 몰래 안고 간다네."

이 노래는 곧 서라벌의 골목골목에서 불리더니 마침내는 궁궐까지 전해졌습니다. 결국 진평왕의 귀에까지 들어갔지요. 진평왕은 크게 진노하여 선화 공주를 멀리 귀양 보내 버리기로 했습니다. 왕비는 불쌍한 딸에게 몰래 순금을 한 말 주었습니다.

선화 공주는 순금을 안고 귀양길에 나섰습니다. 그때 서동이 선화 공주 앞에 나타나 자신의 정체를 밝히고 함께 백제로 갔습니다. 공주는 어머니가 준 금을 보여 주며 이것으로 집도 마련하고 살림도 준비하자고 했습니다. 서동은 금덩어리를 보더니 이렇게 얘기했습니다.

"내가 어릴 때부터 마를 캐던 곳에는 이런 것들이 흙처럼 쌓여 있다오."

둘은 그곳으로 가서 금을 찾았습니다. 그리고 신라의 진평왕에게도 많은 금을 보냈습니다. 결국 진평왕은 서동을 사위로 인정하게 되었답니다. 그 후 서동은 백제의 무왕이 되었습니다.

서동과 선화 공주 이야기는 어디까지가 사실인지 확실하지 않습니다. 하지만 좋아하는 여인을 차지하기 위해 거짓 소문을 퍼뜨리고 다닌 서동에 대해 요사이에는 비판하는 목소리가 높습니다. 선화 공주가 헛소문을 퍼뜨리고 다닌 서동을 잡아 벌을 주는 내용으로 새로 고쳐 쓴 동화도 나왔답니다.

고려 시대, 차례와 다방의 유래

차례의 유래

녹차는 향이 은은하고 차 맛이 쌉싸름하면서도 구수합니다. 게다가 물빛도 고운 녹색이어서 마음마저 고요하게 만들어 줍니다. 특히 피곤하거나 졸릴 때 마시면 한결 기운이 나고 정신이 맑아집니다.

차 문화는 우리나라보다 중국과 일본이 더 발달했습니다. 중국에서는 맹물을 거의 마시지 않고 차를 마십니다. 일본도 차를 좋아해서 차를 마시는 예절까지 있지요. 동양의 세 나라인 한국, 중국, 일본 가운데 우리나라가 가장 차를 마시지 않는 편입니다.

그러나 우리도 한때는 차를 많이 마신 적이 있습니다. 우리나라에 차가 처음 들어온 것은 신라의 선덕 여왕 때라고 알려져 있습니다. 선덕 여왕 때 불교문화가 도입되면서 차도 같이 들어왔다고 합니다. 그 뒤로 왕실과 화랑, 승려들에게 널리 퍼져 나갔습니다.

불교 국가였던 고려 시대에는 차 문화가 매우 번성했습니다. 나라의 제사나 종교 행사에는 반드시 차가 있었습니다. 먼저 부처님께 차를 바치고 난 뒤, 같은 솥에 끓인 차를 다함께 나누어 마셨습니다. 요즘에는 제사나 차례를 지낼 때 대부분 술을 씁니다. 제사가 끝나면 그 술을 함께 나누어 마시고요. 차로 지냈던 의례의 습관이 변화된 형태로 남아 있는 것입니다.

조선은 건국 초기부터 불교를 반대하고 유학을 내세웠습니다. 그래서 고려에서 하던 모든 불교 행사를 없앴습니다. 덩달아 각종 불교 행사에 사용되던 차도 필요가 없어졌습니다. 결국 차를 재배하는 곳이 점차 줄어들면서 조선 시대에는 거의 차를 마시지 않게 되었습니다.

고려 시대에 발달한 차 문화는 이렇게 해서 거의 사라졌지만, 오늘날 우리가 사용하는 말 중에는 고려의 차 문화와 관련된 말들이 꽤 남아 있습니다. '차례'와 '다방'이 대표적입니다. 요즘도 설날이나 명절이면 조상들에게 차례를 지냅니다. 차례란 말은 고려 시대에 차를 올렸던 제사에서 유래했습니다. 제사 때 차를 올리는 풍습은 조선 시대에 사라졌으나 그 말은 그대로 남아서 오늘날까지 전해지고 있지요.

지금은 다방이라고 하면 커피나 주스를 파는 곳을 말합니다. 다방의 다(茶)는 차를 뜻하는 한자어입니다. 예전에는 다방이 하나의 관청이었습니다. 차를 중시한 고려에서는 차를 관리하는 다방이라는 관청을 두었습니다. 고려의 다방에서는 나라 행사에 쓸 차를 준비했습니다. 또 임금이 다른 신하들에게 하사하는 차도 준비했습니다. 그뿐 아니라 차와 곁들여 먹는 과자도 함께 준비했다고 합니다.

중국에서도 알아주던 고려의 떡, 율고

삼국 시대를 지나 고려에 오면 더욱 곡식 농사를 권장해서 더 많은 곡식이 생산되었습니다. 그러다 보니 곡식으로 여러 가지 떡도 만들어 먹었습니다. 물론 고려 시대 이전인 삼국 시대에도 떡을 만들어 먹었지만, 고려 시대에 이르러 떡 문화가 더욱 발전했습니다.

고려는 불교를 국가 종교로 삼았기 때문에, 여러 가지 불교 의식에 떡을 만들어서 바쳤습니다. 또 불교의 영향으로 차를 많이 마셨는데 차를 마실 때는 떡과 과자 등을 곁들이곤 했습니다. 그래서 여러 가지 떡이 발달했습니다.

고려의 떡 하면, 당시 중국 사람도 칭찬한 '율고'가 유명합니다. 율고는 밤을 말려서 가루를 낸 뒤 찹쌀가루와 섞어서 시루에 찐 떡입니다. 생각만 해도 맛있을 것 같지 않나요? 또 '애고'라는 떡도 있습니다. 바로 지금도 먹고 있는 쑥떡이지요. 중국 송나라의 기록에는 고려에서는 삼짇날 어린 쑥잎을 쌀가루와 섞어서 찐 쑥떡을 만들어 먹는다고 했습니다.

몽골의 영향을 받은 만두

고려 후기에 몽골은 중국을 지배하는 원나라를 세웠습니다. 고려에도 몽골의 세력이 뻗쳐, 고려도 오랫동안 괴롭힘을 당했습니다. 그 사이에 일곱 명의 원나라 공주가 고려의 왕비가 되었습니다. 또 그들을 따라온 몽골 하인들도 백여 명에 달했습니다. 그러다 보니 고려의 궁중에서는 색다른 몽골 풍습을 따라 하는 것이 유행했습니다. 이런 궁중의 풍습은 민간에까지 퍼졌습니다.

만두는 원래 몽골 사람들이 즐겨 먹던 음식입니다. 처음에는 주로 귀족들이 즐기다가 차츰 고려의 잔치 음식으로 자리 잡았습니다. 하지만 만두를 만드는 재료들인 밀가루, 고기, 버섯 등이 모두 귀한 것들이라 보통 사람들은 거의 맛보지 못했습니다.

지금 우리가 먹는 설렁탕도 몽골에서 들어와 널리 퍼진 음식입니다. 이것은 만두와는 달리 서민용 음식이라고 할 수 있습니다. 소의 살코기 부분을 떼어 내고 남은 소의 머리, 내장, 발, 무릎, 도가니 따위를 푹 고아서 거기서 우러난 뿌연 국물에 살코기 몇 점을 띄워 밥을 말아 먹는 음식입니다. 좋은 고기는 쓰지 않고 거의 버려지는 부분들을 이용했기 때문에 서민들도 먹을 수 있었습니다.

  소를 잡아 제대로 손질을 하지 않고 설렁설렁 삶아 먹었다고 해서 설렁탕이라는 이름이 붙었다고 합니다. 그러나 이런 말은 뒤에 우스개로 만든 말이겠지요. 원래 설렁탕은 몽골어 '슐루'에서 나왔다고 합니다. 슐루는 공탕, 그러니까 건더기가 없는 탕으로 유목 민족인 몽골 사람들이 떠돌아다니다가 물가에서 소를 잡아 적당히 삶아 뜯어 먹은 데서 유래했다고 합니다.

천금짜리 상추쌈

  시골에서는 바쁜 농사철에 점심 식사를 소쿠리에 담아 일하는 논밭으로 가지고 갑니다. 이것을 '참'이라고 합니다. 참 소쿠리에는 보리밥과 상추, 고추장이 가득 들어 있는 경우가 많습니다. 그만큼 쉽게 자주 먹을 수 있는 채소가 상추입니다.

  우리 민족은 쌈을 무척 좋아합니다. 채소 중에서 잎이 큰 것은 모두 쌈을 싸 먹습니다. 그중에서도 상추쌈을 가장 많이 먹지만, 깻잎, 호박잎, 배춧잎, 콩잎, 쑥갓 등으로도 쌈을 싸 먹습니다.

  우리나라의 쌈은 옛날에도 유명했나 봅니다. 고려 후기에 몽골이 세운 원나라는 그들의 공주를 억지로 우리나라에 시집보냈습니다. 그리고 고려를 사위의 나라라며 정치에 간섭하고 수많은 물품들을 요구했습니다. 또 고려의 여인들을 원나라의 궁녀로 끌고 가기도 했습니다.

이역만리 떨어진 원나라로 간 고려 여인들은 슬픔 속에서 고려를 그리워하며 살아갔습니다. 여인들은 고려에서 즐겨 먹던 음식이 그리워서 궁중 텃밭에 고려의 상추를 심어 상추쌈을 먹곤 했습니다. 그러자 원나라 사람들도 상추쌈의 맛을 보고는 즐기게 되었다고 합니다.

특히 고려산 상추는 질이 좋아 고려 사신이 가져온 상추 씨앗의 값이 매우 비쌌다고 합니다. 그래서 상추를 천금을 주어야 얻을 수 있는 채소라는 뜻으로 '천금채'라고 불렀다고 합니다.

맛있는 채소를 시로 읊은 이규보

고려 시대의 작가인 이규보는 문장과 시로 당대에 이름을 떨친 인물입니다. 그의 시 중에는 역사를 다룬 장편의 시도 있지만 자기 집 밭에서 기른 채소를 읊은 짧은 시도 있습니다. 그는 고려 중기 사치가 심했던 고려 귀족들의 잔치에 초대되어 갖가지 맛있는 음식들을 많이 먹어 보았던 사람입니다.

이규보의 텃밭에는 오이, 가지, 무, 파, 아욱, 박이 자라고 있었답니다. 대부분 오늘날에도 자주 먹는 채소고 몸에도 좋은 먹을거리들이지요. 예전에는 어린 박을 쪄서 먹었다고 합니다. 납작하게 썰어 소금 간을 하고 볶아 먹기도 했고요.

이규보의 시에는 채소가 자라는 것을 바라보는 즐거움과 그것으로 음식을 만들어 먹는 기쁨이 잘 나타나 있습니다. 또 당시의 음식 문화도 나타나 있지요. 그 중에서 파를 읊은 부분을 감상해 볼까요?

가냘픈 손가락 같은 파가 무성하게 많아
아이들은 잎을 따서 피리처럼 불어 보네.
술자리 안주로도 좋을 뿐 아니라
고깃국에 넣으니 더욱 맛이 좋다네.

길쭉길쭉 뻗으며 자라는 파를 보고 가는 손가락들이 모여 있는 것 같다고 표현했군요. 잔칫상에 파가 안주로 나오고 또 고깃국에도 파를 넣어 먹었다고 하네요. 파는 지금도 어느 음식에나 넣을 만큼 정말 많이 사용하는 요리 재료입니다. 파를 넣은 소고기국은 요즘도 맛있게 먹는 음식이지요. 우리가 지금 먹고 있는 파와 파를 넣은 국을 고려 시대에도 먹었음을 알 수 있는 시입니다.

조선 시대 신선로와 이지함의 쇠로 만든 갓

옛날에도 하루에 세 번 밥을 먹었을까?

요즘은 보통 하루에 세 끼를 먹습니다. 예전에는 동양이든 서양이든 하루 두 끼가 보통이었지요. 그러나 이것도 정해진 횟수는 아닙니다. 시대에 따라 달랐습니다. 가난한 사람들은 하루에 한 끼 먹기도 급급하던 때가 많았습니다.

우리나라 사람들은 아침밥을 중요하게 생각합니다. 그래서인지 '아침은 왕처럼 먹어야 한다'는 말도 있습니다. 우리나라에서는 옛날부터 농사를 지어 왔습니다. 새벽부터 들에 나가 일해야 하므로 아침을 잘 먹어야 힘든 일을 잘 할 수 있기에 이런 말이 생겨났겠지요.

저녁에는 일을 하지 않으니까 조금 적게 먹었습니다. 바쁘게 모내기나 추수를 하는 때에는 끼니 사이에 새참을 먹었으니 하루에 네댓 번을 먹기도 했습니다. 그만큼 농사일이 힘들기 때문입니다.

18세기 후반, 조선 시대의 대학이라고 할 수 있는 성균관에서도 음력 2

월부터 음력 8월까지는 점심을 먹었다고 합니다. 낮이 길고 그만큼 활동량이 많아지기 때문이었겠지요. 그러나 점심을 배불리 먹은 것은 아닙니다. 밥 몇 숟가락과 미역 몇 조각 정도였다고 하니까요. 그 외의 기간에는 두 끼만 먹었습니다.

그렇다면 벼슬하는 사대부 관리들은 어떻게 먹었을까요? 벼슬을 하며 관직에 있는 사대부들은 집에서 아침에 죽을 먹고 나와 관청에서 식사했습니다. 그러나 벼슬을 하지 않을 때는 이른 아침만 먹고 낮에 따로 먹지는 않았습니다.

예전에는 점심으로 과일이나 떡, 과자 등을 조금 먹는 정도였습니다. 점심은 원래 중국 스님들이 새벽이나 저녁 식사 전에 간단히 간식으로 먹는 음식을 가리키는 말이었습니다. 푸짐하게 낮에 먹는 식사는 '낮밥'이라고 했습니다. 그러다가 점심이란 말이 차츰 낮밥을 의미하는 말로 바뀌었습니다.

옛날에도 음식점이 있었을까?

요즘은 가족끼리 음식점에서 곧잘 외식을 합니다. 또 밖에 나가서 일하는 부모님들은 일터 근처의 음식점에서 점심을 먹기도 합니다. 옛날에도 이런 음식점이 있었을까요?

예전에는 가족끼리 외식을 할 수 있는 식당은 없었습니다. 그 대신 '주막'이라는 것이 있었습니다. 주막은 주로 시장이 열리는 부근, 큰길가 등 사람이 많이 다니는 곳에 있었습니다. 주막은 장터를 떠돌며 장사를 하는 장사꾼들이나 먼 길을 여행하는 여행자들이 밥과 술을 사 먹던 곳이었습니다. 주막의 봉놋방에서는 여러 장사꾼과 여행자들이 뒤섞여 잠도 잤지요.

또 한양에는 남자들만 갈 수 있는 장국밥집이 있었습니다. 장국밥집은 문 앞에 등을 걸어 표시를 했고 술은 팔지 않았다고 합니다. 장국밥은 맑은 고깃국에 밥을 말고 고기를 올려 내는 음식입니다.

옛날에는 높은 관리들도 장국밥집에 행차하는 일이 많았다고 합니다. 높은 관리들의 집에는 밤늦도록 찾아오는 손님이 많았습니다. 늦도록 정치와 세상 이야기를 하다 보면 출출해지게 마련인데, 그러면 손님들과 함께 이런 장국밥집을 찾곤 했지요. 장국밥집 뒤채에는 지체 높은 손님들을 접대할 방이 따로 있었다고 합니다.

농사짓는 임금님과 설렁탕

장국밥집은 고급 음식점이었습니다. 그렇다면 서민들이 이용할 수 있는 음식점은 따로 없었을까요? 가난한 사람들이 갈 수 있는 음식점은 설렁탕집이었습니다. 설렁탕집은 초가집 문 앞에 소머리를 늘어놓아 설렁탕집이라는 것을 알렸습니다.

앞에서도 살펴보았듯이 설렁탕은 고려 말에 들어온 몽골 음식의 영향을 받은 것입니다. 원래 설렁탕은 특별한 요리법이 있는 것이 아닙니다. 소를 잡아 그 부산물에 물을 많이 붓고 끓이면 됩니다. 고려는 불교를 숭상했기 때문에 고기를 먹지 않았는데, 몽골의 침략을 받으면서 설렁탕과 같은 고기 음식을 먹게 되었습니다. 이때까지만 해도 설렁탕은 이국적인 음식이었겠지요.

그러나 설렁탕은 조선 시대에 들어와서 우리의 고유한 전통 음식으로 새롭게 자리 잡았습니다.

조선 시대 임금과 정승 판서들은 음력 2월이면 동대문 밖(현재 서울특별시 제기동)에 있던 선농단에 가서 제사를 올렸습니다. 선농단은 농사의 신인 신농씨에게 한 해 농사가 잘 되게 해 달라고 제사를 지내는 곳입니다.

선농단에서 지내는 제사상에는 쌀과 기장, 소와 돼지를 통째로 올립니다. 제사를 올린 임금은 직접 농사짓는 모습을 보이기 위해 그 아래에 있는 밭으로 내려가서 쟁기를 다섯 번 밀었습니다. 뒤이어 정승 판서들도 쟁기를 밀었지요.

행사가 끝나면 미리 준비해 둔 큰 가마솥에다 제사상에 올렸던 쌀과 기장으로 밥을 짓습니다. 소고기로 국을 끓이고, 돼지고기는 삶아서 썹니다. 이렇게 만든 음식을 임금과 함께 농사짓는 장면을 펼쳐 보인 농부들과 이 광경을 보러 온 예순 살 이상의 노인들에게 대접했습니다. 원래 임금이 있는 데는 일반 백성들이 올 수 없었지만, 선농단 제사는 농사가 잘되기를 바라는 행사이므로 농부들도 참석했습니다.

많은 사람에게 많은 음식을 만들어 나누어 줘야 하니 음식을 대충대충 설렁설렁 마련할 수밖에 없었습니다. 근처 농가에서 뚝배기를 빌려 밥을 담고 그 위에 국을 퍼 담아냈습니다. 김치도 준비되지 않아 대신 파를 썰어 놓았습니다. 또 간장도 준비되지 않아 소금으로 간을 맞추었습니다. 지금도 설렁탕에는 파와 소금이 곁들여 나옵니다. 이렇게 선농단에서 끓인 탕을 '선농탕'이라고 했습니다. 선농탕은 세월이 흐르면서 발음하기 좋게 '설렁탕'으로 바뀌어 오늘날까지 전해지고 있다고 합니다.

그러니 설렁탕의 유래는 두 가지인 셈입니다. 몽골 음식인 슐루에서 이름을 따서 슐루탕이 되었다는 유래와 조선 시대의 선농단 제사의 전통에서 선농탕이라는 이름이 붙었다는 유래입니다. 모두 일리가 있습니다. 고려 후기에 몽골에서 소고기로 국을 끓이는 요리법을 들여오면서 몽골식 이름을 그대로 불렀을 수 있습니다. 그런데 조선 시대에 와서는 전혀 다른 사연이 담긴 음식이 된 것입니다.

무슨 일이든 여러 가지 원인이 얽혀서 하나의 결과를 만들어내게 마련입니다. 그러니까 설렁탕이라는 말에는 고려 후기 몽골의 영향과 조선 시대의 새로운 전통이 모두 들어 있는 것이 아닐까요?

신선이 먹는 고급 요리, 신선로

신선로는 요즘 먹기 힘든 음식입니다. 원래 궁중 음식이어서 만드는 과정이 복잡하기 때문입니다. 또 일반 가정에서는 신선로를 해 먹는 특이한 신선로 그릇을 가지고 있는 경우가 드무니까요. 그렇지만 신선로는 우리나라가 자랑할 만한 고급 요리입니다.

신선로

신선로는 그릇에 화로가 딸려 있습니다. 그릇 아래에는 높은 받침이 달려 있고 그릇 가운데로 연통 같은 것이 솟아 있는데 이것이 바로 화로입니다. 신선로 요리는 이 화로 속에 불이 있는 숯을 넣어 그릇에 있는 재료를 상 위에서 바로 보글보글 끓여 먹게 되어 있습니다.

신선로는 조선 시대 연산군 시절에 벼슬을 했던 정희량이 만들었다고도 합니다. 그는 정치적 사건으로 임금의 눈밖에 나서 멀리 귀양을 갔다가 풀려납니다. 하지만 정치가 더욱 혼란해질 것이라고 예상하고 깊은 산속으로 들어갔습니다. 그리고 산속에서 신선 같은 생활을 하면서, 이 특이한 신선로 그릇도 만들었다고 합니다.

정희량은 신선로 그릇 하나만 가지고 산속을 돌아다녔는데, 끼니 때가 되면 산 속의 여러 가지 산나물을 캐어 이 그릇에 모두 넣고 불에 살짝 익혀 먹었다고 합니다. 화로와 그릇을 하나로 붙인 발명품을 만든 것이지요. 여행할 때 이것만 있으면 어디서든 편리하게 음식을 해 먹을 수 있었습니다. 정희량은 그 후 신선이 되어 세상을 떠났다는 전설을 남겼습니다. 그래서 나중에 사람들이 그의 화로를 신선로라고 부르게 되었다고 합니다. 신선로가 몽골의 음식이라는 설도 있습니다. 몽골 전통 음식 중에 신선로와 같은 음식이 있기 때문입니다. 몽골의 공주가 고려로 시집올 때 들여왔을 수도 있습니다.

만드는 법은 복잡하지만 어떻게 만들어지는지 알아야 신선로가 어떤 음식인지 잘 알 수 있겠지요. 먼저 얇게 저민 소고기와 무를 맨 밑에 깝니다. 그 위에 생선전이나 소고기의 간, 천엽으로 만든 전 등을 담고 다시 그 위에 표고버섯, 석이버섯, 미나리, 붉은 고추, 소고기 완자, 호두, 볶은 은행 등을 색색으로 맞추어 화로의 연통을 중심으로 둥글게 돌려 담습니다. 모든 재료를 다 담은 다음, 소고기 맑은장국을 붓고 중앙에 솟아 있는 화로에 뜨겁게 달구어진 숯불을 넣어 끓여 먹습니다. 호화롭고 손이 많이 가는 음식이지요.

쇠솥을 갓 대신 쓰고 다닌 이지함

미신이긴 하지만 아직도 새해가 되면 그해 운세가 어떤지 궁금해서 토정비결을 보는 사람들이 있습니다. 『토정비결』은 조선 시대의 기이한 선비로 알려진 이지함이 쓴 책입니다. 이지함은 베옷을 입고 짚신을 신었으며 큰 삿갓을 쓰고 자루를 짊어진 채 여기저기 떠돌아다녔습니다.

우리는 텐트를 가지고 들살이를 갈 때 냄비 대용으로 쓸 코펠과 휴대용 가스레인지라고 할 수 있는 버너를 배낭에 챙겨 넣습니다. 옛날에도 장거리 여행을 하는 사람들은 작은 솥을 짊어지고 다녔습니다. 어디서든 밥을 지어 먹기 위해서였습니다. 이지함은 전국 팔도를 유람하면서 나귀도 타지 않고 길이서만 다녔습니다. 그러자니 솥단지를 지고 다니기가 여간 불편하지 않았겠지요. 그래서 그는 아예 작은 쇠솥을 갓 대신 머리에 쓰고 다녔다고 합니다. 그것을 쓰고 다니다가 밥을 지을 때는 벗어서 밥 짓는 솥으로 사용했답니다.
 그가 포천 지역의 현감을 지낼 때의 일입니다.

 현감 정도 되면 보통은 도포 자락을 휘날리고 가죽신에 그럴듯한 갓을 씁니다. 그런데 이지함은 쓸데없는 겉치레에는 아예 마음을 두지 않았기에, 거친 베옷에 짚신을 신고 고급 갓 대신 큰 삿갓 차림으로 관청에 올라갔습니다.
 이지함이 부임해 오자, 이지함을 모시게 된 아전이 음식을 내왔습니다. 이지함은 아전이 내온 음식을 한참 바라보다가, 음식에는 손도 대지 않고 이렇게 말했습니다.
 "먹을 것이 없구나."
 아전이 뜰에 무릎을 꿇고 말했습니다.
 "이 현에 먹을 만한 산물이 없어서입니다. 다시 올리게 해 주십시오."
 한참 뒤에 아전은 맛있는 음식을 가득 차려 내왔습니다. 이지함은 또 바라보다가 말했습니다.
 "먹을 만한 것이 없구나."
 아전은 어찌할 바를 몰라 떨고 있었습니다. 그러자 이지함이 말했습니다.
 "백성들은 생활이 곤궁한데도 다들 먹고 마시는 것에 절제가 없다. 나는 음식 먹는 사람들이 소반을 사용하는 것이 싫다."
 이지함은 하인에게 잡곡밥 한 그릇과 나물국 한 그릇을 삿갓에 담아 내오라고 해 그것을 먹었습니다.

어느 날, 그 현에 사는 한 관리가 이지함을 찾아왔습니다. 이지함은 관리에게 마른 나물을 넣고 쑨 죽을 권했습니다. 관리는 수저를 들어 한 술 먹다가 금방 토해 버리고 말았습니다. 맛이 형편없어서 도저히 먹을 수가 없었던 것입니다.

그러나 이지함은 아랑곳하지 않고 나물죽을 깨끗이 먹어 치웠습니다.

얼마 뒤 이지함은 관직을 버리고 고향으로 돌아가려고 했습니다. 그러자 고을 사람들이 길을 막고 계속 고을을 다스려 달라고 간청했다고 합니다. 고을 사람들은 자기 욕심 차리지 않고 검소하게 살면서, 백성들을 위해 노력했던 이지함이 계속 다스려 주기를 바랐던 것입니다.

신숙주를 욕하는 숙주나물

녹두는 백 가지의 독을 풀어 준다는 말에 걸맞게 몸에 좋은 식품입니다. 녹두를 이용한 음식으로는 녹두죽, 녹두빈대떡, 청포묵 등이 있습니다. 또 녹두의 싹을 내어 먹는 숙주나물도 빠뜨릴 수 없습니다.

숙주나물은 녹두로 만듭니다. 녹두에 물을 주면 하얀 줄기가 뻗어 나옵니다. 콩에서 콩나물이 자라는 것과 같은 원리지요. 그렇다면 이름이 녹두나물이어야 할 텐데 왜 숙주나물이라고 부를까요?

숙주나물의 '숙주'는 원래 조선 시대 인물인 신숙주를 가리키는 말입니다. 신숙주는 세조 임금을 모신 인물입니다. 세조는 조카인 단종 임금을 죽음에 이르게 하고 자신이 임금이 되었지요. 선비들은 그런 세조를 돕고 모셨던 신숙주를 미워했습니다.

숙주나물은 고려 때 우리나라에 들어왔다고 합니다. 녹두나물은 날이 조금만 더워도 금방 쉬어 버립니다. 이 녹두나물을 보고 사람들은 신숙주가 원래 임금을 저버리고 새로운 임금을 모시는 것과 같이 쉽게 변한다고 생각했습니다. 그래서 성도 떼어 버리고 이름만 붙여서 숙주나물이라고 부르기 시작했다고 합니다.

숙주나물은 나물로 무쳐 먹기도 하고, 고기와 같이 다져 만두소로 넣어 먹기도 합니다.

> 새야 새야 파랑새야 녹두밭에 앉지 마라.
> 녹두꽃이 떨어지면 청포 장수 울고 간다.

이 노래는 우리 민족이 즐겨 불렀던 노래입니다. 그런데 요즘 어린이들은 청포 장수가 무엇을 파는 장수인지 잘 모르는 것 같습니다. 청포란 녹두 전분으로 만든 청포묵을 가리킵니다.

그러면 가사에 왜 청포 장수가 울고 간다고 했을까요? 녹두꽃이 핀 밭에 새가 앉으면 그만 녹두꽃이 떨어집니다. 녹두꽃이 떨어져 버리면 녹두가 열리지 못하지요. 녹두가 열리지 않으면 녹두로 청포묵을 만들어 파는 청포 장수는 청포묵을 못 만들게 되니 당연히 울고 갈 수밖에요.

청포묵은 우리 전통 음식에 자주 쓰입니다. 색깔 이름 중에 녹두색이 있습니다. 녹두색은 말 그대로 녹두의 연한 녹색을 말합니다. 녹두로 묵을 만들면 희면서도 푸르스름한 기운이 돕니다. 그래서 맑다는 뜻의 '청(淸)' 자와 두부를 뜻하는 '포(泡)' 자를 써서 청포묵이라고 불렀습니다.

귤과 과거 시험

제주도는 오래전부터 귤이 유명했습니다. 언제부터 제주도에서 귤이 재배되었는지는 확실하지 않습니다. 다만 478년 백제 문주왕 때 탐라국에서 귤을 바쳤다는 기록이 남아 있습니다. 이것으로 보아 제주도 귤의 역사는 그보다 훨씬 더 오래 되었으리라는 것을 짐작할 수 있습니다.

삼국 시대에 제주도는 '탐라'라는 자치적인 공동체를 이루고 있었습니다. 탐라에서는 신라와 백제 등에 특산물을 바치곤 했습니다. 탐라가 제주로 이름이 바뀐 것은 고려가 탐라를 고려의 군으로 삼으면서 이름을 바꾸었기 때문입니다. 한자로 제주(濟州)는 '물 건너의 땅'이라는 뜻입니다.

조선 시대에는 동짓달인 음력 11월에 제주에서 감귤과 유자를 임금에게 진상했습니다. 제주에서 진상한 감귤과 유자 등은 세 척의 배로 운반되었다고 합니다.

임금은 멀리 제주에서 귀한 과일을 보내 준 것에 감사하는 뜻에서 특별한 과거 시험을 시행했습니다. 그래서 이 과거 시험을 부를 때 귤을 뜻하는 '감(柑)' 자를 써서 '감제'라고 했습니다. 유생들은 이런 시험 기회가 무척 반가웠겠지요. 이날 아침에 시험장 뜰에서는 과거 시험을 보는 사람들에게 귤을 나누어 주었다고 합니다.

제주에서는 귤나무를 '눈물나무'라고 했습니다. 나라에서 무리하게 귤을 바치라고 해서 농민들이 온갖 수난을 겪었기 때문입니다. 얼마나 힘이 들었던지 뜨거운 물을 부어 귤나무를 죽여 버리고 도망가는 사람들까지 있었다고 합니다. 하지만 1960년대 이후부터는 귤나무에 '대학나무'라는 이름이 붙었다고 합니다. 귤나무 한 그루만 있으면 자식을 대학까지 보낼 수 있다고 해서 붙여진 이름입니다.

  이렇게 우리가 쉽게 까 먹는 귤 하나에도 제주의 역사, 제주 사람들의 애환 등 여러 가지 곡절이 담겨 있습니다.

임금님의 식사

임금님의 밥상, 수라상

고조선 시대의 단군이 오늘날 우리가 먹는 음식을 본다면 아마도 깜짝 놀랄 것입니다. 집집마다 모두 왕보다 훨씬 훌륭하게 먹고 있다고 여길 테니까요. 그 당시는 임금조차 지금에 비하면 소박하게 먹었습니다. 그러나 조선 시대에 오면 곡물도 풍부해지고 음식 문화가 발달하여, 임금은 날마다 격식을 갖춘 훌륭한 밥상을 받았습니다. 조선 시대 임금은 과연 무엇을 어떻게 먹었을까요?

임금과 관련된 모든 말은 일반 사람들이 쓰는 것과는 달랐습니다. 예를 들면 임금의 얼굴을 '용안'이라고 합니다. 용은 왕을 상징하기 때문에 용의 얼굴이라는 뜻으로 붙인 말입니다. 또 임금이 쓰는 변기를 '매화틀'이라고 하는데, 임금의 변을 고운 매화꽃에 비유해서 붙인 말입니다. 음식도 예외가 아닙니다. 우선 임금의 밥은 '수라'라고 했습니다. 밥상은 '수라상'이라고 했고요.

또 임금이 밥을 먹는 것을 '수라를 젓수신다'라고 표현했습니다. 먹는 것을 표현하는 우리말은 다양합니다. 먹다, 들다, 드시다, 잡수시다, 자시다 등이 있습니다. 그런데 임금과 관련된 말이기 때문에 일반 사람들이 사용하지 않는 표현으로 바꾸어 '젓수시다'라고 한 것입니다.

'수라'라는 말은 고려 후기에 몽골에서 들어온 외래어입니다. 고려 후기에 몽골은 몽골 공주를 고려 왕의 왕비로 삼게 했습니다. 그때 몽골 음식과 몽골의 음식 용어들이 궁중에 많이 들어온 것이지요. 이 말은 조선에도 이어져 임금의 진지를 가리키는 말로 굳어졌습니다.

그럼 임금의 음식은 어디서 만들었을까요? 궁중의 부엌인 '소주'에서 만들었습니다. 소주방은 안소주방과 밭소주방으로 나뉘어 있었습니다. 안소주방에서는 아침상과 저녁상을 준비하고, 밭소주방에서는 궁중의 여러 가지 행사나 제사, 잔치 음식을 준비했습니다. 또 생과방이라는 곳을 따로 두었는데 여기서는 차와 과자, 죽, 과일 등을 만들고 준비했다고 합니다.

평상시 임금이 드시는 수라상은 주로 주방 상궁들이 만들어 올렸습니다. 주방 상궁들은 어릴 적부터 궁중에서 음식을 배워 30년 이상 되어야 수라상을 담당하는 전문 요리사가 될 수 있었습니다. 한편 궁중의 큰 행사나 잔치가 있을 때는 대령숙수라는 남자 조리사가 공식 행사 음식을 만들었습니다. 큰 잔치에는 엄청난 양의 식재료를 다루어야 해서 힘이 많이 들어가므로 남성들이 담당하게 되었을 겁니다.

임금에게 상을 올릴 때는 세 명의 상궁이 시중을 듭니다. 그중 나이 많은 상궁은 임금이 먹기 전에 음식을 조금씩 덜어 일일이 맛을 보았습니다. 음식에 독이 들었는지 확인하기 위해서였습니다. 그런 사람을 기미 상궁이라고 부릅니다. 또 다른 상궁은 그릇의 뚜껑을 열고 덮는 시중을 듭니다. 나머지 상궁은 그 자리에서 직접 끓여 먹는 전골 음식을 만듭니다.

임금은 언제 무엇을 먹었을까요? 임금은 일찌감치 일어나 아침 일곱 시 전에 요기합니다. 이때는 죽을 먹는데 이것을 '죽수라'라고 합니다. 그러나 달랑 죽만 먹는 것은 아니고 밥그릇 대신 죽그릇이 올랐을 뿐 상차림은 다른 수라상의 원칙과 같습니다. 그런 뒤 오전 열 시쯤에 아침 수라를 올립니다. 그리고 저녁 수라는 오후 다섯 시경에 올립니다. 그 사이 '낮것'이라고 부르는 점심으로 죽이나 면을 올립니다. 또 밤 아홉 시경에도 다과 등의 간식을 올립니다.

임금의 수라상에는 최고의 재료로 만든 갖가지 반찬들이 오릅니다. 전국 방방곡곡에서 가장 좋은 생산물을 골라 궁중에 진상합니다. 그러면 그 가운데 최고의 재료를 골라 수라상을 차립니다. 또 맛과 영양, 아름다운 모양새까지 갖춘 음식을 만들기 위해 주방 상궁들이 솜씨를 발휘합니다. 기본 식단은 다음과 같습니다.

먼저 밥은 흰쌀밥인 흰수라와 팥밥인 팥수라가 모두 준비됩니다. 임금은 그날 먹고 싶은 것을 먹으면 됩니다. 국으로는 미역국과 곰탕이 올라갑니다. 쌀밥을 먹을 때는 미역국과 같이 먹고 팥밥을 먹을 때는 곰탕을 같이 먹는 것이 원칙이었습니다. 김치로는 배추김치와 무김치 두 가지가 올라갔습니다.

반찬으로는 찜 요리, 전골 요리, 부침, 생선구이, 삶은 고기, 나물, 조림, 젓갈, 장아찌, 포나 튀각 같은 마른반찬과 육회나 생선회가 올라갑니다. 이에 곁들여 반찬을 찍어 먹을 청장, 초장, 고추장 등 세 가지 장이 오릅니다. 또 식후에 마실 보리차와 숭늉도 올립니다.

온갖 반찬을 다 올리는 셈이지요. 그러나 이 많은 반찬을 모두 다 먹는 것은 아니고, 그날 기분에 따라 적당히 몇 가지씩 먹었다고 합니다.

임금님과 사과

우리나라에는 원래 '능금'이라는 것이 있었습니다. 능금은 사과 종류이지만 지금 사과보다 크기도 작고 맛도 덜한 편이었습니다. 사과는 중국 청나라에서 들어왔습니다. 중국의 사과도 원래는 실크로드를 통해 서아시아 지방에서 들어왔습니다.

조선 효종 때 우리나라 사람이 북경에 사신으로 가서 처음으로 사과를 맛보았습니다. 그런데 맛이 너무 좋았습니다. 그는 효종 임금에게 그 맛을 보여 드리려고 사과나무를 통째로 수레에 싣고 귀국했습니다. 씨를 가져와 심어서 열매를 따려면 시간이 오래 걸리니, 나무째 가져온 것입니다.

그러나 효종은 사과가 열리는 것을 보지 못한 채 숨을 거두었습니다. 효종이 세상을 떠난 다음 해부터 사과가 열리기 시작했기 때문입니다. 효종의 아들 현종은 아버지를 생각하며 차례를 지낼 때 영전에 사과를 올렸다고 합니다. 그 뒤로 일반 사람들도 제사상에 사과를 올리게 되었답니다.

도로 물려라, 도루묵

도루묵이라는 생선이 있습니다. 크기는 커 봐야 15센티미터 정도고 몸통도 날씬한 편이어서 한입에 쏙 들어갈 만한 생선입니다. 이 생선의 이름에 대해 선조 임금과 관련된 이야기가 전해 내려옵니다.

옛날 선조 임금이 바닷가 마을로 피난을 가게 되었습니다. 그런데 이 바닷가 마을에는 임금에게 바칠 만한 음식이 없었습니다. 더구나 몇 년간 흉년이 들어 백성들은 밥도 제대로 못 먹고 있었습니다. 신하들은 임금의 수라상에 무엇을 올려야 할지 걱정이었습니다. 그래서 마을 사람들에게 넌지시 물어보았습니다.

"임금님의 수라상에 도대체 무엇을 올려야 하오? 이곳에는 먹을 것이 그렇게도 없소?"

"먹을 거라곤 맛없는 생선밖에 없는데요."

"그 생선이 무엇이오?"

"뭐 특별한 이름이 있는 건 아니고요. 묵처럼 맛이 심심해서 우리끼리는 '묵'이라고 부릅니다."

"지금 임금님께 수라를 올려야 하니, 그것이라도 가져오시오."

상궁들은 마을 사람들이 가져온 묵을 정성껏 요리했습니다. 선조는 그 생선을 맛보고는 감탄했습니다.

"이렇게 맛있는 생선은 처음이다. 그런데 이름이 왜 묵인가? 이렇게 은빛으로 반짝반짝 빛이 나는데 은어라고 해야지. 이제부터 이 생선을 은어라고 부르도록 명하노라."

이렇게 하여 묵이라고 무시당하던 생선은 은어가 되었습니다.

얼마 후 전쟁이 끝나 선조는 다시 궁궐로 돌아오게 되었습니다. 궁궐에 돌아오니 수라상은 예전처럼 맛있는 음식들로 가득했습니다. 하지만 임금의 입에 맞는 음식이 없었습니다.

"많이는 차렸다만 먹고 싶은 것이 하나도 없구나. 왜 이렇게 입맛이 없을꼬. 아 참! 바닷가로 피난 갔을 때 먹었던 그 은어를 먹으면 입맛이 돌아올 것 같구나."

신하들은 급히 그 바닷가 마을에서 은어를 구해 와 요리를 해서 올렸습니다. 선조는 옛날에 맛있게 먹었던 은어를 보고 반가워서 얼른 한 점을 집어

입에 넣었습니다. 그런데 고개를 갸우뚱하더니 다른 쪽 살 한 점을 집어서 맛을 보았습니다.

"어허, 이상도 하구나. 예전에는 그렇게 맛있더니, 지금 먹으니 아무 맛도 나지 않는구나."

선조 임금은 그 요리를 멀찍감치 밀어 놓으며 말했습니다.

"이 생선에 은어라는 이름은 안 어울리는구나. 예전처럼 도로 묵이라고 부르도록 하라."

이렇게 해서 그 생선은 다시 원래 이름인 '묵'으로 불리게 되었다고 합니다. 이 이야기가 전해지면서 도로 묵이라고 부르라고 한 사실이 재미있어 이름이 아예 '도루묵'이 되었답니다.

사실 선조 임금이 처음 도루묵을 먹었을 때는 먹을 것이 마땅찮았기 때문에 무엇이라도 맛있었을 것입니다. 그런데 다시 진수성찬을 차려 먹게 되자 배고픔 속에 먹으며 느꼈던 음식의 맛을 더이상 느낄 수 없었던 것이겠지요.

임금님이 기획한 음식, 탕평채

민주주의 정치 제도에서는 저마다 다른 이념과 정책을 가진 정당들이 모여서 대화하고 의논하면서 나라를 이끌어 갑니다. 조선 시대에도 이와 비슷한 낭들이 있었습니다. 특정한 가문의 사람들이나 같은 스승 밑에서 공부한 사람들끼리 당을 만들기도 했습니다. 그리고 다른 생각과 입장을 가진 다른 당 사람들과 심각하게 다투기도 했습니다. 그래서 나라가 어지러워지는 경우도 많았습니다. 특히 조선 후기에는 크게 네 개의 붕당이 서로 권력을 장악하려고 심각하게 싸움을 벌였습니다. 임금도 마음대로 정치를 할 수 없을 정도였습니다. 이렇게 각각의 붕당이 대립하는 정치를 붕당 정치라고 합니다.

영조 임금 시절에 이러한 붕당 정치가 기승을 부렸습니다. 영조 임금은 더는 안 되겠다고 생각해 '탕평책'이라는 정책을 내놓았습니다. 탕평이란 '어느 편도 들지 않고 모든 일을 공평하게 처리한다'는 뜻입니다.

영조 임금은 탕평책에 협조하기를 바라는 뜻에서 여러 붕당의 사람들을 다 모아 잔치를 벌였습니다. 잔치에 여러 붕당의 정승 판서들이 모두 모였습니다. 영조는 특별히 이날을 위해 스스로 기획한 음식을 내놓았고 그 이름을 '탕평채'라고 했습니다.

탕평채는 청포묵, 볶은 고기, 미나리, 김이 들어간 묵무침입니다. 탕평채에 들어간 네 가지 재료는 저마다 색깔이 다릅니다. 청포묵은 녹두로 만들어서 푸르스름한 하얀색입니다. 볶은 고기는 붉은색이고 미나리는 푸른색, 김은 검은색입니다.

탕평채

탕평채는 이렇게 분명하게 다른 색을 가진 재료들을 가지런히 구분하여 그릇에 담습니다.

그러나 먹을 때는 그것들을 모두 한꺼번에 비벼서 먹습니다. 영조 임금은 붕당의 지도자들이 바로 이 탕평채처럼 서로 다른 뜻을 가졌더라도 한데 어울려 나라를 위해 맛난 정치를 해 주기를 바란 것입니다.

묵무침은 원래부터 있던 음식이었습니다. 그런데 영조 임금이 신하들과 탕평책을 의논하며 특별히 만들어 먹은 뒤로 그 뜻을 기려 '탕평채'라고 부르게 되었습니다.

탕평채는 이렇게 붕당 정치가 심각하던 시기에 만들어졌지만 오늘날에는 잔치 음식으로 널리 쓰입니다. 빛깔이 고와서 보기에 좋고, 여러 가지 식재료가 골고루 들어 있어 건강에도 좋기 때문입니다. 탕평채는 부드럽게 잘 씹혀서 남녀노소 누구나 즐길 수 있으며 열량이 낮아 다이어트에도 좋습니다.

제3장

밥과 장, 김치 이야기

　우리 민족은 날마다 밥을 먹으며 삶을 유지해 왔습니다. 밥 힘으로 살아왔다고 해도 지나친 말이 아닙니다. 그렇지만 밥 한 가지만 먹을 수는 없었겠지요.

　밥은 그냥 먹으면 심심합니다. 짭짤한 것이 곁들여져야 밥맛을 돋웁니다. 밥맛을 돋우는 데는 우리 간장, 된장을 빼놓을 수 없습니다. 우리 민족의 대표적인 반찬인 김치도 빠질 수 없지요. 밥과 장과 김치는 너무 기본 음식들이어서 우리는 별생각 없이 먹습니다. 하지만 밥과 장과 김치는 오랜 역사 속에서 우리 민족의 지혜가 고스란히 쌓여 마련된 귀중한 음식들입니다.

　이 장에서는 자랑스러운 우리 음식 문화의 중심에 있는 밥과 장, 김치에 대해 살펴봅니다.

밥 힘으로 살아온 우리 민족

흰쌀밥과 잡곡밥

　우리나라에서는 삼국 시대부터 본격적으로 벼농사를 짓기 시작했습니다. 그 이후 통일 신라 시대에 이르러 벼농사 기술이 더욱 발달하면서 벼의 생산량이 많아지자 쌀로만 지은 쌀밥이 등장했습니다. 그 뒤로 쌀을 생산하는 벼농사가 농사의 중심이 되었습니다.

　이렇게 오랜 세월 우리 민족은 쌀밥을 가장 기본적인 밥의 형태로 생각해 왔습니다. 그렇지만 왕과 귀족들을 제외한 보통 백성들에게는 실제 생활에서 쌀밥이 떡만큼이나 귀한 명절용 음식이었습니다. 백성들이 매

보리　　조(좁쌀)　　기장　　콩　　수수　　옥수수

일 먹는 밥은 다양한 잡곡을 섞어 지은 껄끄러운 잡곡밥이었습니다. 우리 민족이 걱정 없이 쌀을 먹게 된 것은 사실 몇십 년도 안 되었습니다.

한반도의 남부 지방에서는 보리가 많이 나고 북부 산간 지역에서는 조와 기장이 많이 났습니다. 그래서 남부에서 백성들은 주로 보리밥을 먹었고 북부 산간에서는 주로 조밥이나 기장밥을 먹었습니다. 여기에 콩, 수수, 옥수수와 같은 여러 가지 곡물을 섞어 먹었습니다. 우리 민족이 오랜 세월 먹어 온 밥은 이런 잡곡밥이었습니다.

지금은 흰쌀밥이 흔해서 누구나 먹을 수 있습니다. 그러나 흰쌀밥은 보기 좋고 먹기 좋을지는 몰라도 영양을 따져 보면 부족한 점이 있습니다. 건강과 영양을 따지면 잡곡밥이 월등하게 훌륭하답니다. 흰쌀밥만 먹으면 여러 가지 병에 걸리기 쉽고, 특히 뇌신경이 퇴화해서 늙으면 기억이 사라지는 치매에 걸리기 쉽다고 합니다.

밥 힘으로 살아온 우리 민족

한국인의 주식은 밥입니다. 우리나라 밥은 특히 맛있습니다. 쌀의 품질이 매우 좋고, 중국 사람들 기록에도 조선 사람들이 밥을 잘 짓는다고 나와 있습니다.

밥을 먹는 나라는 우리나라 말고도 많습니다. 우선 중국, 일본, 베트남을 비롯하여 아시아 동부의 여러 나라에서도 밥을 먹습니다. 유럽에서도 특별식으로 밥을 먹는 경우가 있습니다. 그중에서도 우리나라와 일본은 하루도 빠짐없이 밥을 먹습니다. 중국이나 동남아시아에서는 밥도 먹지만 국수나 만두 같은 음식을 더 자주 먹습니다.

우리나라 사람들은 밥에 대한 애착이 있습니다. 예전에 가난하고 먹을 것이 귀하던 시절에는 밥에 간장 한 종지 또는 김치 하나만 있으면 한 끼를 때울 수 있었습니다. 살아가는 힘을 밥에서 얻었던 것입니다.

"밥 먹었어?"라고 하면 "끼니 때웠어?"라는 말이 됩니다. 밥이 끼니를 대표하는 말이 되는 것이지요. 그래서 밥 외에 떡이며 고기며 온갖 것을 다 먹고도 밥을 안 먹었다면 아직 끼니를 때우지 않은 것으로 생각했습니다. 조선 시대에도 그러한 일화가 있습니다.

조선 시대의 문장가로 유명한 이정구가 사신으로 중국에 갔을 때의 일입니다. 이정구는 북경에 머물면서 당시 중국의 유명한 문필가인 왕세정과 친하게 지냈습니다. 하루는 이정구가 아침 일찍 왕세정의 집을 방문했습니다. 마침 왕세정은 관복을 입고 집을 나서려던 참이었습니다.

"지금 대궐에 들어가야 합니다만 금방 돌아올 수 있을 겁니다. 다녀올 동안 서재에서 책이라도 보면서 기다려 주십시오."

왕세정은 이정구에게 이렇게 말하고 나갔습니다. 그리고 하인에게 손님에게 아침상을 올리라고 했습니다. 하인들은 곧 이정구에게 떡과 국수, 고기, 생선, 과일을 계속 대접했습니다. 이정구는 책을 보며 맛있게 먹었지요. 한참 뒤 왕세정이 돌아왔습니다. 왕세정은 도착하자마자 이정구에게 물었습니다.

"아침은 드셨습니까?"

이정구는 이렇게 대답했습니다.

"아직 먹지 않았습니다."

깜짝 놀란 왕세정은 하인을 불러 꾸짖었습니다. 그러나 하인은 억울한 표정을 지으며 말했습니다.

"벌써 드셨습니다."

그러자 왕세정은 갑자기 껄껄 웃더니 하인에게 이렇게 말했습니다.

"조선 사람들은 아침과 저녁에 각각 쌀밥 한 그릇과 국 한 그릇으로 끼니를 때우느니라. 우리가 먹는 것과 다르니라. 어서 가서 밥을 지어서 올리거라. 내가 그것을 깜빡 잊었구나."

이정구는 그 말에 너무나 부끄러웠다고 합니다.

그러나 그 뒤로도 오랫동안 이런 생각은 사라지지 않았습니다. 요즘도 밥 대신 국수나 빵을 먹으면 먹은 것 같지 않다는 사람도 많습니다. 그것은 우리 민족이 오랜 세월 밥 힘으로 살아왔기 때문입니다.

보릿고개와 꽁보리밥

예전에 농민들은 자기 땅 없이 남의 땅을 빌려 농사를 짓는 경우가 많았습니다. 그래서 가을에 수확한 곡식 대부분을 땅을 빌린 대가로 땅 주인에게 바쳐야 했습니다. 이 때문에 농민들은 늘 먹을 양식이 모자라 굶주렸습니다.

특히 봄철인 3~4월이 되면 지난해에 거둔 곡식이 거의 바닥이 납니다. 그러면 보리가 익기만을 기다려야 합니다. 보리는 초여름부터 수확할 수 있어서 그때부터는 보리밥을 먹을 수 있기 때문입니다. 그래서 봄부터 보리를 수확하기 전까지의 기간을 '보릿고개'라고 불렀습니다. 이때가 가장 배고픈 시기였습니다.

보릿고개 기간에는 산이나 들에서 쑥, 달래, 칡뿌리, 솔잎 같은 것을 따거나 캐서 식량으로 삼았습니다. 남아 있는 곡식에 이런 잎과 뿌리들을 함께 섞어 멀건 죽으로 끓여서 먹었던 것입니다. 그렇게 한두 달을 버티면 보리를 수확하는 여름이 다가와 비로소 보리밥을 먹을 수 있었습니다. 이때 먹는 밥은 온통 보리만으로 지은 밥입니다. 이것을 꽁보리밥이라고 합니다.

꽁보리밥에 붉은 고추장을 쓱쓱 비벼 먹으면 그 맛이 일품입니다. 또 걸쭉하게 끓인 된장국과 함께 먹으면 더욱 맛있고 영양도 만점입니다. 거기에 된장을 푹 찍어 먹는 풋고추가 있다면 금상첨화겠지요. 한여름 농사일이 바쁠 때는 논두렁 밭두렁으로 꽁보리밥과 된장국을 이고 날랐습니다. 힘든 농사일을 하는 농부들은 여름내 꽁보리밥과 된장국을 먹고 힘을 냈던 것입니다.

또 1960년대와 1970년대에 학생들 도시락은 꽁보리밥에 반찬이라곤 고추장 한 가지가 많았습니다. 그렇게 가난한 어린 시절을 보낸 어르신들은 꽁보리밥이라면 질린다며 고개를 절레절레 젓기도 한답니다. 그렇지만 그 시절을 추억하며 보리밥 파는 식당을 찾아다니는 사람도 있습니

다. 보리밥은 몸에 매우 좋아서 요즘은 건강을 생각해서 일부러 보리밥을 먹는 경우가 많습니다.

세계에서 알아주는 우리 비빔밥

비빔밥은 세계 어디에 내놓아도 빠지지 않는 훌륭한 음식 가운데 하나입니다. 서울 올림픽 이후 세계의 여러 나라 사람들이 맛을 인정하는 음식이 되었습니다. 비빔밥은 밥 위에 콩나물이나 숙주나물, 고사리나물, 도라지나물, 그 외 산나물, 소고기볶음, 달걀 지단, 청포묵, 실고추, 다시마 부각 등을 얹고 양념장을 끼얹어 비벼 먹는 음식입니다.

비빔밥은 임금이 먹던 수라의 한 종류였습니다. 조선 시대 임금의 수라로 올리는 밥은 흰밥인 흰수라, 팥밥인 팥수라, 오곡밥인 오곡수라, 비빔까지 네 종류가 있었습니다. 그중 비빔이 바로 오늘날 우리가 먹는 비빔밥의 기원입니다.

조선 시대는 유교 사회로 제사를 중시했습니다. 그래서 제사가 많았지요. 제사상에 차려 놓았던 밥과 반찬은 제사가 끝나면 큰그릇에 담아 비벼서 온 가족이 나누어 먹었습니다. 이것도 비빔밥의 한 기원입니다.

헛제삿밥은 이러한 풍속에서 만들어진 음식입니다. 제사 때 먹었던 비빔밥이 워낙 맛있어서, 제사를 지내지 않았는데 제사 비빔밥을 만들어 먹는다고 해서 헛제삿밥이라는 이름이 붙었습니다.

우리나라에서 유명한 비빔밥 하면 전주비빔밥, 진주비빔밥, 평양비빔밥, 안동헛제삿밥을 듭니다. 그런데 유명한 비빔밥처럼 온갖 나물과 고기가 들어가야만 맛있는 비빔밥이 되는 건 아닙니다. 밥과 먹다 남은 여러 가지 반찬들을 큰 그릇에 담고 맛있는 고추장 조금, 참기름 한 방울 톡 떨어뜨리고 쓱쓱 비벼 먹어도 맛이 있습니다. 이렇게 만드는 비빔밥은 음식 쓰레기를 만들지 않는 아주 훌륭한 재활용 음식이라고 할 수 있습니다.

콩밥 주는 감옥

예전에는 죄를 짓고 감옥에 가는 것을 '콩밥 먹으러 간다'고 표현했습니다. 감옥에서는 늘 콩이 아주 많이 섞인 밥만 주었기 때문입니다. 왜 감옥에서는 콩밥만 주었을까요?

요즘은 그렇지 않지만 예전에는 죄인들에게까지 영양가 있는 음식을 줄 수가 없었습니다. 그러나 죄인도 최소한의 건강은 유지해야 했습니다. 그러자니 영양가가 많고 싼 식품을 찾게 되었습니다.

그럴 만한 식품으로 '밭에서 나는 고기'라는 콩이 딱 알맞았습니다. 그래서 콩이 잔뜩 들어 있는 콩밥을 준 것입니다. 그만큼 콩밥이 몸에 좋다는 얘기지요.

우리 음식의 맛을 내 주는 간장, 된장, 고추장

곰팡이 핀 못생긴 메주

우리 음식의 맛을 내는 간장, 된장, 고추장은 모두 콩과 소금이 주재료입니다. 장을 만들기 위해서는 먼저 콩을 푹 삶아서 '메주'를 쑤어야 합니다. 메주란 노란 메주콩을 삶아서 절구에 찧은 뒤 덩이지게 뭉쳐 말린 것입니다.

예전에는 메주를 잘 띄워 각종 장을 담가 두면 일 년 동안 반찬 걱정이 없었다고 합니다. 그래서 집마다 처마 밑에 메주가 주렁주렁 매달려 있었습니다. 콩을 삶아 절구에 찧고 메주의 모양을 만들어 반드시 볏짚으로 묶습니다. 그리고 처마 밑에 매달아 한 달쯤 바람을 쐬면, 메주가 마르면서 볏짚을 두른 자리에 곰팡이가 피기 시작합니다. 이 곰팡이는 메주를 띄우는 데 중요한 작용을 합니다.

음식에 곰팡이가 슬면 대개는 그냥 버립니다. 곰팡이 핀 음식을 먹으면 병에 걸리기 쉽기 때문입니다. 그런데 곰팡이의 덕을 보는 것도 있습니다. 바로 메주랍니다. 메주의 곰팡이는 누룩곰팡이 종류인데, 이 누룩곰팡이가 메주 속에 예쁘게 펴야 장맛이 좋아집니다.

 시렁에 매달아 한 달 정도 말려서 곰팡이가 자리를 잡은 메주는 다시 하나하나 짚으로 싸서 따뜻한 아랫목에 놓아둡니다. 따뜻한 온기 속에 보름 정도 놓아두면 누룩곰팡이는 메주 속까지 파고듭니다. 이렇게 누룩곰팡이는 메주 속에서 콩을 분해하여 장맛을 내는 성분이 되는 것입니다.

간장 한 종지만 있어도 밥 한 그릇 뚝딱
 옛날에 반찬이 아무것도 없을 때, 간장 한 종지만 있으면 간장에 밥을 비벼 한 그릇 뚝딱 먹던 시절이 있었습니다. 여러 가지 음식에도 간장이 들어가야 간이 맞습니다. 갈비구이나 불고기에도 간장이 들어가야 감칠맛이 납니다. 튀김을 먹을 때도 간장에 콕 찍어 먹어야 제맛이지요. 짜다는 점에서는 소금과 같으나 간장은 소금에는 없는 구수한 감칠맛이 있습니다.

간장은 된장을 만드는 과정에서 만들어집니다. 좋은 간장을 만들려면 좋은 메주가 있어야 합니다. 항아리에 잘 띄운 메주를 넣고 소금물을 붓습니다. 그리고 숯, 고추, 대추를 넣은 뒤 뚜껑을 닫고 3일간 그대로 둡니다. 이때 고추를 넣는 것은 매운 고추가 나쁜 균들을 죽이기 때문입니다. 또 숯을 넣는 이유는 숯이 나쁜 물질들을 빨아들이기 때문입니다.

4일째 되는 날 뚜껑을 열어 햇볕을 쬡니다. 그 이후 40일 정도 매일 낮에 뚜껑을 열고 볕을 쬐어 줍니다. 40일 후에는 넣어 둔 숯, 고추, 대추를 꺼냅니다. 간장독을 준비하고 그 위에 체를 놓고 거릅니다. 체로 거른 액체가 바로 간장입니다. 간장은 오랫동안 묵힐수록 맛이 진해지고 구수해진다고 합니다. 한편 체에는 풀어진 메주가 걸리는데 이것으로 된장을 만듭니다.

장거리 여행 때 가지고 갔던 간장

조선 시대에 먼 여행을 할 때는 콩잎을 간장에 담가 두었다가 말린 것을 가지고 갔습니다. 여행 중에 국을 끓일 때 사용하려고요. 끓인 물에 이 콩잎 한두 장을 담가 놓으면 콩잎에서 간장 국물이 우러납니다. 여기에 다른 재료를 더 넣어 장국을 만들어 먹었습니다. 간장에 절인 콩잎은 말렸기 때문에 거의 무게가 나가지 않았습니다. 멀리 여행을 다닐 때는 간장병보다는 콩잎이 훨씬 가지고 다니기 좋았겠지요. 옛사람들의 지혜가 돋보입니다.

된장 없인 못 살아

된장은 콩이 잘 자라는 우리나라에서 아주 오래전부터 만들어 먹었습니다. 중국 역사책에는 고구려 사람들이 장을 잘 담근다고 기록되어 있습니다. 또 삼국 시대부터 만들었던 우리나라 된장은 일본에도 전해져 오늘날 일본 된장의 원조가 되었습니다.

예전에는 된장만 잘 담가 두면 일 년 반찬 걱정이 없었습니다. 된장으로 된장국을 끓일 수 있습니다. 또 각종 나물을 된장에 버무리면 맛난 된장무침 나물 반찬이 됩니다. 쌈을 싸 먹을 때에도 된장이 들어가야 하고, 풋고추나 오이도 된장을 찍어 먹어야 제맛입니다.

된장은 콩을 발효시켜 만든 매우 뛰어난 건강식품입니다. 콩을 발효시켜 된장을 만들면 식품이자 약이 될 정도로 몸에 좋은 성분이 많아집니다. 요즈음에는 된장에 무서운 암을 예방하는 성분이 들어 있다고 해서 더욱 관심이 집중되고 있습니다.

된장을 약이 되게 먹으려면 날로 먹는 것이 좋다고 합니다. 싱싱한 오이나 상추 등 채소를 된장에 찍어 먹으면 최고의 건강식품이 되겠지요. 된장국을 끓이더라도 오래 졸이지 말고 5분 정도만 끓여서 바로 먹는 것이 좋다고 합니다.

고추장, 언제부터 만들어 먹었을까?

빨간 떡볶이, 얼큰한 매운탕, 입안이 얼얼한 낙지볶음. 이러한 음식의 맛을 내는 데는 고추장이 최고입니다. 고추장은 매운맛, 단맛, 짠맛이 어우러진 오묘한 맛을 가지고 있습니다. 그래서 우리나라 사람치고 고추장 싫어하는 사람은 거의 없습니다.

고추장

고추장은 우리나라를 대표하는 양념 중 하나입니다. 된장은 중국 된장도 있고 일본 된장도 있습니다. 그러나 고추장은 우리나라에만 있는 장입니다.

그럼 고추장은 언제부터 만들어 먹었을까요? 고추장은 고추가 우리나라에 들어온 뒤에 만들어졌겠지요. 우리나라에는 17세기경에 처음으로 고추가 들어왔으니 장 중에서는 가장 역사가 짧은 셈입니다.

우리나라에서는 오래전부터 특별히 매운맛이 나는 산초 같은 식물을 넣어서 만든 된장을 즐겨 먹었습니다. 우리 민족은 고추가 들어오기 전부터 이미 매운맛을 즐기고 있었던 것입니다. 그러다가 고추가 들어오자 그 맵고도 달큰한 맛을 보고는 당장 메주와 결합시켜 고추장을 만들어 낸 것입니다. 메줏가루와 곡물가루, 고춧가루와 엿기름 삭힌 물, 소금 등을 섞어 숙성시키면 맛있는 고추장이 됩니다.

신씨 성을 가진 사람은 안 돼

선조 임금 때 일본이 임진왜란을 일으켜 조선을 침략했습니다. 당시 우리 백성들이 똘똘 뭉쳐 싸워서 일단 왜적들은 물러갔습니다. 그러나 왜적들은 다시 침략을 시도했습니다. 이 사건을 정유재란이라고 합니다.

이때 선조 임금은 임진왜란 때처럼 피난을 가려고 했습니다.

이런 슬픈 역사 속에서도 빠지지 않던 것이 바로 장입니다. 임금이 피난 가서 먹을 장을 마련하기 위해 '합장사'라는 벼슬을 두었으니 말입니다. 선조는 신씨 성을 가진 신집이라는 사람을 합장사로 선임했습니다. 그런데 조정 대신들이 모두 반대했습니다. 그 이유가 좀 엉뚱합니다.

장은 온갖 반찬을 만들 때 쓰이는 터라 일 년에 한 번 장을 담그면 한 해 반찬을 마련하는 것이나 마찬가지였습니다. 만약 장을 담그는 과정에서 잘못하거나 관리를 잘못하면 장맛이 시어져서 한 해 동안 맛없는 반찬을 먹어야 했습니다. 그래서 장을 담글 때는 주부는 물론 온 가족이 몸과 마음을 깨끗이 하고 조심스럽게 임했습니다. 그리고 장이 시어 버릴 것을 걱정해 너무 조심하다 보니 '신 것'이라고 할 때의 '신' 자가 들어가는 것은 모두 피했습니다. 결국 신씨 성을 가진 사람이 장을 담그면 장이 시어질 수 있다고까지 생각하게 된 것이지요.

선조 임금이 합장사에 신씨 성을 가진 신집을 선임하자 신하들이 반대한 이유가 바로 이 때문이었습니다. 실제로 신씨 성을 가진 집안에서는 사돈집이나 외가, 친척집에서 장을 담가 오는 관습이 있었습니다. 우습지만 장이 그만큼 중요한 식량이었기 때문에 조심하고 또 조심하다가 생긴 풍습이겠지요.

한 해 입맛을 결정하는 장 담그는 날이 정해지면, 며칠 전부터 모든 것을 조심했습니다. 맛있는 된장을 만들 수 있도록 비는 고사도 지냈습니다. 대문에 금줄을 치고 이웃들도 못 들어오게 했지요. 식구들도 밖으로 나가는 것을 삼가고 얌전히 지냈습니다. 장 담그는 주부는 입에 창호지를 붙이고 일하기도 했습니다. 나쁜 기운이 못 들어가게 신중에 신중을 기했던 것입니다.

우리의 대표 반찬, 김치의 역사

일 년 내내 채소를 먹을 수 있는 방법

김치는 우리나라의 가장 대표적인 반찬으로 꼽힙니다. 갓 지은 뜨거운 밥에 잘 익은 김치 한 쪽. 그 맛은 우리나라 사람들이 외국에 나가 있을 때 가장 그리워하는 우리의 맛이지요. 최근에는 김치가 맛과 영양, 건강을 위해서도 매우 뛰어난 식품으로 인정받고 있습니다.

옛날에는 늦가을부터 봄이 와서 싹이 나기 전까지는 채소를 먹을 수 없었습니다. 냉장고도 없었고, 요즘같이 일 년 내내 신선한 채소를 기르는 비닐하우스도 없었기 때문입니다. 그러나 채소로 김치를 담가 놓으면 겨우내 채소를 먹을 수 있었습니다.

곡식을 주식으로 먹는 우리 민족에게는 채소 반찬이 꼭 필요했습니다. 곡식만 먹으면 부족해지기 쉬운 비타민을 채소에서 보충해야 했기 때문입니다. 그러나 채소를 날로 먹으면 많이 먹을 수가 없습니다. 또 채소가 나지 않는 계절도 문제였습니다. 이 두 가지 문제를 해결해 주는 것이 소금, 간장, 식초 등입니다. 그중에서도 소금이 가장 중심이었습니다. 그래서 채소를 소금에 절인 음식이 등장하게 된 것입니다.

우리나라는 삼면이 바다이므로 오래전부터 소금을 만들어 사용할 줄 알았습니다. 어류나 조개에 소금을 뿌려 젓갈을 담았지요. 그러면 저장해서 오래 두고 먹을 수 있었습니다. 이 방법을 채소에 이용한 것이 김치입니다.

우리나라에서는 삼국 시대에 이미 절인 김치를 먹었습니다. 속리산 법주사에는 돌로 된 독이 있는데, 이것은 신라 선덕 여왕 때 만든 김칫독이라고 합니다. 물론 김치라고는 하지만 지금처럼 여러 양념이 들어가지 않고 소금으로만 절인 것이었습니다.

겨울이 긴 우리나라에서는 초겨울이 되면 서둘러 겨우내 먹을 김장 김치를 담급니다. 예전에는 일 년에 두 번 큰 행사가 있었습니다. 봄에는 한 해 먹을 장을 담그고 초겨울에는 겨우내 먹을 김치를 담그는 김장을 하는 것입니다.

지금은 먹을 반찬이 많지만, 먹을 것이 별로 없던 시절에는 김장하는 양이 엄청나게 많았습니다. 그 많은 김치를 담그려면 여러 사람의 손길이 필요했습니다. 그래서 이웃끼리 서로 도와 가며 품앗이를 했습니다. 오늘은 우리 집에서 동네 사람들이 같이 김치를 담그고, 내일은 또 옆집에 가서 같이 김치를 담갔지요.

또 김장 김치 담글 때 빼놓을 수 없는 즐거운 일이 있습니다. 김장할 때 절인 배추 잎에 김장 양념을 싸서 그 자리에서 먹는 맛은 무엇과도 비교

할 수 없습니다. 이웃끼리 품앗이할 때는 미리 돼지고기도 삶아 놓았습니다. 돼지고기를 얹고 양념을 올린 절인 배추쌈을 만들어 서로의 입에 넣어 주며 정을 나누었습니다. 이렇게 11월 말부터 정겹게 김장을 모두 마치고 나면 겨울 반찬 걱정은 없었습니다. 김치는 비타민이 많아서 겨울 건강을 보장해 주는 식품이기도 했습니다.

김치는 추운 겨울에는 얼기 쉽고 더운 여름에는 빨리 상해 버려 보관이 어렵습니다. 요즘에는 냉장고나 김치냉장고가 있어서 그런 걱정 없이 보관할 수 있습니다. 그러나 냉장고가 없던 시절에도 우리 민족은 여름이면 시원한 우물 속이나 계곡에 김칫독을 담가 온도를 낮추었고, 겨울에는 땅속에 김칫독을 파묻어서 어는 것을 막았습니다.

옛날 김치는 어땠을까?

우리가 요즘 먹는 김치는 대개 고춧가루로 버무려 붉은빛이 납니다. 그런데 이것은 김치의 역사에서 보면 얼마 되지 않은 일입니다. 김치가 붉은 것은 빨간 고춧가루가 들어가기 때문입니다. 고추가 우리나라에 들어온 것은 17세기였고, 본격적으로 우리 음식에 사용된 것은 18세기였습니다. 그러니 그 전의 김치란 단순히 채소를 소금에 절인 것이었습니다. 지금의 백김치나 동치미를 생각하면 됩니다.

예전에는 지금 우리가 먹는 배추도 없었습니다. 물론 배추가 있기는 했지만 지금 보는 배추와는 달랐습니다. 하얀 속잎이 겹겹이 포개어진 지금의 배추는 100여 년 전에 수입된 새로운 품종입니다. 그 전에 있었던 배추는 잎이 겹겹이 포개어지지 않고 상추처럼 뻣뻣하게 벌어져 있는 모양이었답니다. 물론 맛도 아삭아삭하지 않고 질겼을 테지요.

그래서 옛날 김치는 배추김치보다는 무김치가 주류였습니다. 고춧가루가 들어오기 전, 우리 민족은 오랫동안 무를 소금에 절인 김치를 즐겨 먹었습니다.

고려 중기 이규보의 시에 무를 노래한 부분도 있습니다.

'김치'라는 말의 뜻은?

김치를 한자로는 '침채'라고 합니다. 침채는 채소를 푹 가라앉혔다는 뜻입니다. 채소를 소금이나 소금물에 담가 숨을 죽인 것이지요. 그런데 말이란 시간이 지나면서 조금씩 발음이 변하게 마련입니다. 침채는 '팀채'로 발음되다가 다시 '딤채'가 되고 '김채'가 되었다가 지금과 같이 '김치'로 변했습니다.

장아찌를 담그면 여름에 먹기 좋고
소금에 절여 김치 담그면 겨우내 반찬 되네.
땅속에서 자리 잡은 굵은 뿌리
잘 드는 칼로 베어 보니 배와 같네.

오늘날과 같은 김치의 모습이 시작된 것은 18세기부터라고 할 수 있습니다. 18세기 중반에 나온 『증보산림경제』라는 책에 김치 담그는 법이 나옵니다. 거기에 실린 총각김치 담그는 법을 볼까요? 잎줄기가 달린 무에 호박, 가지 등의 채소와 해조류인 청각채, 고추, 천초, 겨자 등의 향신료를 섞고 마늘 즙을 듬뿍 넣는다고 되어 있습니다. 지금은 총각김치에 넣지 않는 호박, 가지 등이 들어가고 고추 외에도 겨자, 천초가 들어가는 것이 조금 차이가 있군요. 이 책에는 오이소박이, 동치미, 배추김치, 가지김치, 굴김치, 전복김치 등도 소개되어 있습니다.

그런데 우리 민족은 고추가 들어오기 전부터 마늘과 파 등 매운 것을 잘 먹었습니다. 김치를 담글 때 고춧가루를 넣어 먹기 전에도 매운 맛이 나는 천초나 겨자 등을 넣어 먹어 왔습니다. 그러다 매운 고추가 들어오자 그 맛을 보고는 김치에 넣기 시작한 것이지요.

여러 가지 김치

고춧가루를 사용하기 전에도 붉은색 김치가 없었던 것은 아닙니다. 김치에 붉은 맨드라미꽃을 넣는 경우가 있었기 때문입니다. 또 맨드라미를 장독대 옆에 심어 놓으면 맨드라미꽃의 붉은색이 나쁜 기운을 물리쳐 장독을 보호한다고 생각했습니다.

어쨌든 우리 김치에 고춧가루가 들어가면서 김치는 더욱 발전했습니다. 고춧가루를 넣은 김치는 빨리 상하지 않았습니다. 전에는 김치가 쉽게 곰팡이가 피고 상했기 때문에 소금을 듬뿍 넣어 매우 짰습니다. 그런데 고춧가루를 넣으니 소금을 덜 넣고도 맛있는 김치를 오래 먹을 수 있게 되었습니다.

김치와 감칠맛의 비밀

김치는 무, 배추, 부추, 파 등이 주재료이며 여기에 여러 가지 양념이 들어갑니다. 우선 우리가 자주 먹는 배추김치에 들어가는 재료를 볼까요? 속이 꽉 찬 배추, 단군 신화에 나오는 마늘, 건강에 좋은 파, 빨간 고춧가루, 향긋하고 노란 생강, 소금과 젓갈 등이 들어갑니다.

김치의 맛은 바로 재료와 양념이 함께 어울려 변해 가는 맛에 있습니다. 김치가 익는다는 것은 재료와 양념이 서로 어우러져 가는 것, 곧 재료나 양념 각각의 고유한 맛들이 서로 합쳐져 감칠맛을 내는 것입니다. 이 과정에는 중매자가 있습니다. 바로 '유산균'입니다. 유산균하면 쉽게 요거트를 떠올릴 것입니다. 장에 유익한 균이라고 알려져 있지요. 바로 그 유익한 균이 김치가 익는 과정에서 발생합니다. 그래서 김치를 많이 먹는 사람들은 따로 요거트를 먹지 않아도 된다고 합니다.

한편 김치에 젓갈이 들어가면 더욱 구수한 감칠맛이 납니다. 젓갈은 작은 생선, 조개 등에 소금을 넣은 뒤 일정한 시간 동안 절여서 만드는 발효 식품입니다. 17세기에 고추가 우리나라에 전래된 뒤, 고추가 젓갈의 비린 맛을 잡아 준다는 사실을 알고는 김치에 젓갈을 넣기 시작했지요. 고추와 젓갈이 무, 배추와 만나 멋진 합주를 시작한 것입니다. 김치에는 새우젓, 멸치젓, 까나리젓 등이 많이 쓰입니다. 젓갈 고유의 감칠맛

새우젓

이 김치에 들어가면 우리나라 김치 고유의 오묘한 맛을 냅니다.

젓갈의 역사는 매우 오래되었습니다. 신라 신문왕의 왕비가 결혼할 때 가져온 것 중에는 쌀, 장 등과 함께 젓갈도 있었습니다. 젓갈은 고려 시대에도 많이 먹었던 반찬이었습니다. 조선 시대에도 여러 가지 젓갈이 있었는데, 무려 150종류나 되었다고 합니다. 중국 명나라에 보낸 선물 중에 대합, 잉어, 조기, 홍합, 가자미, 밴댕이, 굴 등으로 담근 젓갈이 포함되어 있을 만큼 품질도 좋았습니다.

반찬으로 먹던 젓갈 음식으로 식해도 있습니다. 우리가 잘 아는 식혜가 엿기름 우린 물에 쌀밥을 넣어 발효시킨 음식이라면, 식해는 토막친 생선에 소금과 밥을 넣어 발효시킨 음식입니다. 가자미식해가 가장 유명하지요.

전통 발효 식품에는 젓갈 외에 된장과 김치가 있습니다. 옛날에는 대갓집 마님이 되

총각김치

거지 총각들이 먹었던 총각김치

옛날에 한양은 성벽으로 둘러싸여 있었습니다. 한양성에는 동서남북 네 곳에 문이 있어서 안과 밖을 오갈 수 있었습니다. 이 사대문 안에서는 신분 높은 양반들이 살았고, 사대문 밖에서는 가난한 백성들이 살았습니다. 사대문 안에서는 김치를 담그거나 반찬을 할 때 좋은 재료만 골라서 썼습니다. 무도 크고 좋은 것들만 고르고는, 크기가 올망졸망한 작은 무는 먹지 않고 문 밖에 버렸습니다. 먹을 것이 없던 사대문 밖의 거지 총각들은 양반들이 버린 무를 주워 김치를 담가 먹었다고 합니다. 총각김치의 무를 잡으면 무 잎이 아래로 축 처지는 모습이 꼭 거지 총각들의 풀어 헤친 머리 모양과 같았습니다. 그래서 거지 총각들이 담가 먹던 김치라는 뜻으로 '총각김치'라는 이름이 붙게 되었다고 합니다.

려면 서른여섯 가지 김치와 서른여섯 가지 장, 서른여섯 가지 젓갈을 담글 줄 알아야 한다고 했습니다. 그만큼 우리나라는 발효 식품이 발달되어 있고 또 그것을 즐겨 먹었습니다.

가지가지 반찬 이야기

　세상의 모든 생명과 사물들은 저마다 나름대로 사연과 역사를 간직하고 있습니다. 우리가 먹는 반찬에도 우리 조상들이 먹을 만한 음식들을 찾아내고 만들어 내기까지의 사연이 얽혀 있는 경우가 많습니다. 이 장에서는 우리가 먹는 불고기 한 점, 생선 한 토막, 나물 한 접시에 어떤 이야기들이 숨어 있는지 알아봅니다.

맥적에서 설렁탕까지 소고기 이야기

불고기의 기원이 되는 고구려의 맥적

고조선 이후 우리나라에는 부여, 옥저, 동예와 같은 부족 국가들이 생겼습니다. 그중에서 부여의 세력이 가장 컸습니다. 그런데 부여족의 벼슬 이름을 보면 소, 말, 돼지, 개와 같은 가축의 명칭이 붙어 있습니다. 이것은 부여가 가축 기르는 것을 중요한 국가적 산업으로 삼았다는 것을 말해 줍니다. 그렇다면 당연히 고기로 음식을 만드는 솜씨도 뛰어났을 것입니다.

고구려를 세운 주몽은 부여에서 나고 자랐습니다. 그래서 고구려의 문화는 부여의 문화와 비슷했습니다. 부여의 고기 요리도 고구려로 이어졌습니다. 고구려의 유명한 고기 요리인 맥적도 그랬습니다. 앞에서 알아보았듯이 맥적은 간장에 고기를 재워 두었다가 달래로 양념을 해서 숯불에 구워 먹었던 요리입니다. 우리나라 고기 요리의 시초라고 할 수 있지요.

우리나라 고기 요리에서 가장 유명한 '불고기'와 '갈비구이'는 갖은양념에 고기를 재워 두었다가 구워 먹는 음식입니다. 고기를 이렇게 조리해 먹는 나라는 세계 어디에도 없습니다. 대개 고기에 소금과 후추로 간을 해서 구워 먹지요. 그러나 우리나라의 전통적인 고기 요리는 그냥 구워 먹는 법이 없습니다. 고구려 맥적에서부터 전해 내려온 오랜 전통인 셈입니다.

소고기를 먹지 못했던 시대

그런데 맥적의 전통이 한때 끊어졌던 적이 있었습니다. 삼국 시대에 불교가 도입되면서 점차 고기를 먹는 식생활에 변화가 왔습니다. 불교의

계율에는 살아 있는 짐승을 죽이지 못하게 되어 있기 때문입니다. 그래서 불교를 나라의 종교로 삼은 통일 신라와 고려 시대에는 고기를 잘 먹지 않았습니다.

고려에 왔던 송나라 사신은 고려의 고기 요리법이 엉망이라고 불평했습니다. 고려에서는 고기를 먹지 않았기 때문에 그 전의 전통적 고기 요리법도 다 잊혀 가고 있었던 것입니다. 그러나 고려 말기에 오면서 또 한 번 변화가 일었습니다. 이 변화는 몽골이 중국을 지배해 원나라를 세우면서 일어났습니다. 몽골은 원래 유목 국가여서 자기들이 기른 가축의 고기를 먹었습니다. 이러한 몽골의 식습관은 고려 왕에게 시집온 몽골의 공주와 그 일행에 의해 고려에 전해졌습니다. 그래서 몽골의 요리법을

배우면서 고려 말에 고기 요리가 되살아나기 시작했습니다.

　오늘날 제주도에는 목장이 많습니다. 제주도에 목장이 만들어진 것은 몽골에 공물을 보내던 고려 때부터였습니다. 당시 몽골이 고려에 요구한 품목 중에는 많은 수의 소도 포함되어 있었습니다. 그런데 고려에는 몽골에 보낼 만한 소가 없었습니다. 그래서 몽골에 보낼 소를 기르기 위한 목장을 찾다가 제주도로 정한 것입니다.

　곰탕이니 곰국이니 하는 것도 몽골의 요리법을 배운 것입니다. 원래는 '공탕'이라고 했는데, 여기서 '비어 있다'는 뜻을 가진 한자 공(空) 자가 붙은 것은 다른 재료를 넣지 않고 그냥 맹물에 고기만 넣고 삶아 조리했기 때문입니다. 예를 들어 사골 곰국은 소고기의 뼈와 뼈에 붙어 있는 살을 함께 물에 넣어 푹 삶은 것입니다.

복과 건강을 주는 돼지고기 이야기

고사상에 돼지머리가 오르는 이유

우리나라에서는 실로 까마득한 오랜 옛날부터 돼지고기를 먹어 왔습니다. 돼지를 가축으로 길러서 먹기 전에는 산속을 무섭게 뛰어다니던 멧돼지를 사냥해서 먹었을 것입니다. 우리나라 산에는 멧돼지들이 좋아하는 식량인 도토리를 맺는 참나무가 많아서 멧돼지들이 살기에 적합했다고 합니다.

돼지를 가축으로 길러서 먹은 것은 우리나라에 농사가 본격적으로 시작된 뒤의 일입니다. 농사를 지으면서 정착 생활을 하게 되니 사냥을 하기가 힘들었을 것입니다. 그래서 동물을 잡아 가축으로 길러서 새끼도 낳게 하고 또 고기도 먹었겠지요. 우리나라에서는 돼지를 약 2천 년 전부터 가축으로 길러 먹어 온 것으로 추정됩니다.

우리 민족은 전통적으로 돼지를 좋아합니다. 돼지꿈을 꾸면 좋은 일이 일어난다고 믿었고, 어린이들 저금통도 돼지 모양이 많습니다. 고사를 지내는 상에도 돼지머리를 올립니다.

　고사란 나쁜 기운을 몰아내고 행운을 불러오기 위해 집안에서 섬기는 신에게 비는 제사입니다. 요즘도 새로 집을 짓거나 사무실을 열 때 돼지머리와 과일 등을 차려놓고 잘 되게 해 달라고 고사를 지내는 사람들이 있습니다. 아주 오래된 민간 신앙이지요. 우리가 집에서 지내는 제사는 유교적인 의례로 조상에게 지내는 것입니다. 그런데 고사는 산신령이나 당신, 또는 터줏대감과 같은 자연의 신들을 대상으로 합니다. 고사를 무조건 미신이라고만 생각해서는 안 됩니다. 그런 자리를 빌려 앞으로 잘해 보겠다는 의지를 다진다는 의미가 더 크니까요.

　돼지는 신통하고도 운이 좋다고 하는데, 그에 관련된 여러 이야기가 전해지고 있습니다. 그 가운데 고려 태조 왕건의 할아버지에 얽힌 이야기가 유명합니다.

　　고려를 세운 왕건의 할아버지는 위기에 처한 용왕을 구해 주었습니다. 용왕은 그 보답으로 돼지를 보냈다고 합니다. 왕건의 할아버지는 개성 땅에 용왕이 보낸 돼지가 살 집을 마련해 주었습니다. 돼지에게 좋은 집터를 잡아 주자 그 돼지가 복을 내려 왕건이 태어났고 왕이 되었다고 합니다. 그야말로 복돼지였던 것이지요.

　　훗날 개성 만월대에 고려 궁궐이 세워졌는데 그 부근에 '금돈허'라고 하는 터가 있었다고 합니다. 금돈허는 바로 금돼지의 집터라는 뜻으로, 용왕이 보낸 돼지가 살던 곳이었습니다.

유적까지 남아 있다고는 해도 용왕이 돼지를 전해 주었다는 이야기는 역사적 사실이 아닐 것입니다. 왕건이 고려를 세우고 왕이 되자 하늘의 도움, 용왕의 도움으로 그렇게 된 것이라는 이야기가 만들어진 것이겠지요. 다만 이러한 이야기가 지어지고 전해진 것은 원래 우리 민족이 돼지가 복을 가져다 준다고 믿고 그만큼 좋아했기 때문입니다.

인기 만점, 돼지 삼겹살 구이

지글지글 삼겹살을 구워 상추에 맛있는 쌈장과 마늘 한 쪽을 올려서 같이 싸 먹는 맛. 돼지 삼겹살은 많은 사람이 좋아하는 맛있는 음식입니다. 삼겹살은 돼지의 뱃살입니다. 돼지 뱃살에는 지방이 많아 살과 살 사이에 지방이 끼어 있는 것이 3겹이 된다고 해서 삼겹살이라는 이름이 붙었습니다. 고기의 지방이 건강에 좋지 않고 비만을 부른다는 이유로 요새는 지방이 많은 삼겹살을 피하기도 합니다. 고기를 자주 먹지 못하던 때에는 큰 문제가 없었습니다. 삼겹살은 조금씩만 먹으면 건강에 나쁠 것이 없습니다. 무엇이든 지나치게 먹는 것은 몸에 좋지 않습니다.

옛날 축구공을 아시나요?

예전에는 어른들이 잔치에 쓸 돼지를 잡으면 밖에서 어린이들이 잔뜩 모여 기다렸습니다. 돼지를 잡아 부위별로 고기를 자를 때 돼지의 방광, 즉 오줌보는 버리는데, 아이들에게는 이것이 필요했습니다. 씻어서 바람을 불어 넣고 묶으면 멋진 공이 되기 때문입니다. 아이들은 들판에서 돼지 오줌보로 만든 공으로 신나게 축구를 했습니다.

친숙하고 맛 좋은 닭고기 이야기

사위가 오면 씨암탉을 잡는다

신라의 역사를 보면 유난히 닭과 관련된 이야기나 지명이 많습니다. 신라의 옛 이름은 '계림'이지요. 계림은 닭 '계(鷄)'와 수풀 '림(林)'이 합쳐진 말로, 닭이 우는 숲이라는 뜻을 가지고 있습니다. 또 신라를 세운 박혁거세는 큰 알에서 태어났다는 전설도 있습니다. 신라에서는 닭을 하늘과 사람 사이를 이어 주는 신성한 존재로 생각했던 것입니다.

우리나라에서는 아주 오래전부터 닭을 길들여 길러 왔고 또 음식 재료로 이용했습니다. 그런데 옛날의 닭과 오늘날 우리가 볼 수 있는 닭은 모습이 아주 다릅니다. 원래 우리나라에는 꼬리가 길게 늘어진 아름다운 닭이 있었습니다. 이웃 나라에서도 알아줄 만큼 유명했답니다. 고구려 무용총의 고분 벽화에도 꼬리가 긴 닭이 그려져 있습니다. 중국 명나라 책에는 조선에 있는 꼬리가 3~4척에 이르는 닭이 약으로 쓰기에 좋다고 기록되어 있습니다. 또 맛이 좋다고도 했습니다.

'사위가 오면 씨암탉을 잡는다'는 말도 있지요. 사위를 잘 대접하려는 장모님이 큰마음 먹고 마련하는 음식이 바로 맛있는 닭 요리였기 때문에 이런 말이 생겼습니다. 옛날에는 소고기나 돼지고기를 쉽게 사 먹을 수 없었습니다. 동네에 큰 제사나 잔치가 있어야 조금 얻어 먹을 수 있는 정도였습니다. 그래서 고기를 먹는다고 하면 주로 닭이 이용되었습니다. 집집마다 닭 몇 마리씩은 길렀습니다. 특별한 날 간단히 잡아먹을 수 있고 덤으로 계란도 얻을 수 있기 때문입니다.

닭으로 만드는 대표적인 음식으로는 한여름 복날에 먹는 삼계탕이 있습니다. 더위에 지친 몸에 기력을 주는 음식입니다. 삼계탕은 닭의 배를 갈라 내장을 빼내고 그 속에 인삼, 대추, 은행, 마늘, 찹쌀 등을 채워 넣

고 꿰맨 뒤 푹 고아 먹는 음식입니다.

우리나라에서는 깃털과 볏과 뼈만 빼고 닭의 모든 부분을 다 먹습니다. 닭발과 닭똥집도 먹기 때문입니다. 그 자체로는 별맛이 없지만 우리나라 특유의 매콤한 양념으로 버무려 놓으면 쫄깃쫄깃한 느낌을 주는 먹을 만한 음식이 됩니다.

알뜰한 춘천 닭갈비

요즘 음식점 중에서 닭갈빗집이 곧잘 눈에 띕니다. 그런데 닭갈비라는 것이 어떤 부위인지 생각하면서 먹는 사람은 별로 없는 것 같습니다. 닭갈비는 사실상 먹을 만한 부위라고 할 수가 없습니다. 갈비뼈에 얄팍하게 그것을 감싸고 있는 종잇장 같은 살이 붙어 있을 뿐입니다.

그래서 계륵(鷄肋)이라는 말도 생겼습니다. 계륵이란 '닭의 갈비'라는 한자어입니다. 닭갈비는 먹을 것은 없는데 버리기에는 아깝습니다. 그래서 어떤 일을 하자니 이득은 적고 그렇다고 그만두기는 아까운 경우에 계륵이라는 표현을 씁니다.

닭갈비 하면 춘천 닭갈비가 유명합니다. 왜 그럴까요? 춘천의 한 음식점에서 닭고기를 갈비처럼 재워 숯불에 구워 내는 방식을 처음으로 선보였기 때문입니다. 또 춘천에서 닭갈비가 발달한 데는 춘천에 닭을 기르는 양계장이 많았기 때문이기도 합니다.

춘천 닭갈비는 계륵뿐 아니라 닭고기의 모든 부위를 사용하여 만듭니다. 소고기나 돼지고기보다 싼 닭고기로 만들기 때문에 춘천 닭갈비는 저렴한 비용으로 푸짐하게 먹을 수 있는 알뜰한 요리로 인기를 끌게 되었습니다. 춘천에 가면 춘천 닭갈빗집이 모여 있는 닭갈비 골목이 따로 있고, 우리나라 어디서나 춘천 닭갈비를 파는 식당을 어렵지 않게 찾을 수 있을 정도입니다.

값싸고 맛있는 가지가지 생선 이야기

바다의 보리, 고등어

고등어는 대표적인 등 푸른 생선입니다. 등 푸른 생선은 등이 푸른 생선 종류를 가리키는 말이지요. 푸른 등 부분에 우리 몸에 좋은 성분이 많이 들어 있다고 합니다. 특히 머리를 좋게 하는 디에이치에이(DHA)라는 성분이 들어 있어요. 그래서 등 푸른 생선은 많이 먹으라고 권장되는 건강식품으로 꼽힙니다. 등 푸른 생선으로는 고등어 외에 꽁치, 정어리, 청어, 삼치 등이 있습니다.

우리나라에서는 오래전부터 고등어를 즐겨 먹었습니다. 고등어는 '바다의 보리'라고도 불렸습니다. 이는 고등어가 보리처럼 영양가는 높으면서도 값은 싸서 가난한 서민들이 즐겨 먹는 생선이었기 때문입니다.

지금은 냉장·냉동 시설이 발달해서 어느 곳에서든 신선한 생선을 먹을 수 있습니다. 하지만 옛날에는 그렇지 못했습니다. 바닷가에 사는 사람이 아니면 신선한 생선을 먹기 힘들었지요. 그래서 생선이 잡히면 모두 소금을 뿌려 절였습니다. 먼 곳까지 가서 팔려면 이렇게 소금을 뿌려서 상하는 것을 막아야 했기 때문입니다. '간고등어'가 그런 종류입니다. 간고등어는 소금 간을 한 고등어라는 뜻으로 자반고등어라고도 합니다. 자반이란 원래 좌반(佐飯)이라는 한자에서 나온 말입니다. 좌반이란 밥 먹는 것을 돕는다는 뜻입니다. 맨밥은 먹기가 어렵지만 짭짤한 반찬이 있으면 밥을 먹기가 쉽습니다. 자반이란 밥을 맛있게 먹도록 도와주는 짭짤한 반찬이라는 뜻입니다. 요즘도 생선 가게에서는 생물 고등어와 자반고등어가 같이 팔리고 있습니다.

가난한 선비들을 살찌게 했던 청어

청어를 '비웃'이라고도 했습니다. '비유어'라는 말이 바뀐 것이라고 합니다. 비유어(肥儒魚)는 '선비를 살찌게 하는 물고기'라는 뜻의 한자어입니다. 그러한 이름이 붙은 이유는, 옛날에 공부만 하느라 가난하게 살던 한양 선비들이 비싸고 좋은 음식은 사 먹지 못하고 값이 싼 청어는 자주 사 먹었기 때문입니다.

청어는 맛도 좋고 영양가도 뛰어납니다. 가난한 선비들이 청어를 먹으면 몸이 좋아지는 것 말고도 이로운 점이 한 가지 더 있었습니다. 청어는 등 푸른 생선이기 때문에 머리가 좋아지는 성분도 많은 생선입니다. 그러니 공부하는 선비들에게는 딱 맞는 식품이지요. 그래서 요즘도 한창 자라나는 어린이나 공부하는 학생들에게 좋은 식품으로 권장됩니다.

요즘에는 청어를 구워서 먹습니다. 청어에는 비늘이 많습니다. 이것을 잘 긁어서 떼어 낸 뒤 소금을 뿌리고 석쇠나 프라이팬에 굽습니다. 또 구운 청어에 양념장을 끼얹어서 먹기도 합니다.

  청어는 상하기 쉬운 생선입니다. 그런데 예전에 어떻게 한양에 살던 선비들이 청어를 먹을 수 있었을까요? 동해안에서 많이 잡히는 청어가 한양에 도착하려면 아무리 빨라도 며칠은 걸렸을 것입니다. 그동안 청어는 이미 상해 버렸겠지요. 그러나 청어를 잡아서 바로 소금에 절이면 오래 저장할 수 있습니다. 예전에는 이렇게 소금에 절인 청어를 사 먹었습니다. 덕분에 산골 동네에서도 짭짤하게 소금에 절인 청어를 사 먹을 수 있었습니다.

  생선을 소금에 절이는 방법 말고도 오래 저장할 수 있는 방법이 또 하나 있습니다. 건조시키는 것이지요. 청어는 건조시킨 것도 유명합니다. 이것은 따로 '과메기'라는 이름으로 부릅니다. 조선 시대 말엽에는 과메기를 동해안의 특산품으로 임금에게 진상하기도 했습니다.

  과메기는 청어를 짚으로 엮어 바닷가에서 그대로 건조한 것입니다. 과메기는 겨울철에 밖에서 말립니다. 그래서 밤에는 꽁꽁 얼었다가 날이 조금 풀리는 낮에는 녹았다가 하면서 말라 갑니다. 과메기는 반드시 이

'과메기'라는 말의 유래

과메기를 한자로는 관목(貫目)이라고 합니다. 관목이란 '눈을 꿰다'라는 뜻이지요. 청어를 여러 마리 짚으로 엮을 때 청어의 두 눈을 제거하면 곧장 짚으로 꿸 수 있습니다. 그래서 눈을 꿴다고 한 것이고 그것이 이름이 되었습니다. 그 뒤 '관목'이란 한자어가 한자를 잘 모르는 일반 백성들 입에서 관목이, 관맥이로 오르내리다 '과메기'라는 우리말이 되었습니다.

렇게 얼었다 녹았다 하는 과정을 거쳐야 맛있다고 합니다.

과메기를 만들어 먹게 된 동기에 대해 전해지는 이야기가 있습니다.

옛날 동해안에 한 선비가 살았습니다. 어느 해 겨울에 그 선비는 한양으로 과거 시험을 보러 가기 위해 집을 떠나 바닷가를 걷고 있었습니다. 그런데 가도 가도 사람 사는 집이 나타나지 않았습니다. 선비는 끼니를 해결하지 못해 너무나 배가 고팠습니다.

그렇게 주린 배를 부여잡고 지친 발걸음을 옮기고 있는데 바닷가 언덕에

무언가가 보였습니다. 그것은 나뭇가지에 눈을 꿰어 언 채로 말린 생선이었습니다. 선비는 배가 고프던 참이라 체면이고 뭐고 팽개치고 마른 생선을 찢어 입안에 넣었습니다. 생선은 씹으면 씹을수록 맛이 좋았습니다.

   선비는 과거 시험을 치른 뒤 다시 고향으로 돌아왔습니다. 그리고 겨울마다 생선을 밖에 내다 말려 먹었다고 합니다.

옛날 사람들은 이 과메기를 구워서 먹었다고 합니다. 또 봄에는 쑥을 넣고 과메기 쑥국도 끓여 먹었다고 합니다. 그런데 한때 청어가 많이 잡히지 않아 청어 대신 꽁치로 과메기를 만들기 시작했습니다. 요즘 나오는 과메기는 대부분 꽁치 과메기입니다.

칼처럼 생긴 갈치

갈치라는 이름은 칼처럼 생겨서 붙여진 것입니다. 처음에는 '칼치'라고 불렀던 것이 갈치가 되었습니다. 갈치의 색깔은 은백색입니다. 갈치는 비늘 없는 생선으로 몸에 은색 가루가 착 달라붙어 있습니다. 요리할 때는 이 은색 가루를 걷어 내는 것이 좋습니다. 이 은색 가루는 먹지는 못하지만 따로 쓰는 데가 있습니다. 매니큐어 등 화장품의 반짝이는 성분인 '펄'을 이 은색 가루로 만듭니다.

갈치는 보통 소금을 조금 뿌려 구워 먹습니다. 또 무를 함께 넣고 간장으로 간을 해서 자작자작하게 졸여 먹기도 합니다. 제주도에서는 갈치로 국도 끓여 먹습니다. 제주도 전통 음식인 이 갈칫국은 싱싱한 갈치를 끓는 물에 넣고 배추, 호박을 넣어 간장으로 간을 한 맑은 국입니다. 비리지 않고 맛이 산뜻합니다.

별명도 많은 명태

명태는 우리나라 사람들이 정말 좋아하는 생선입니다. '명태'라는 이름에 얽힌 일화가 있습니다.

> 조선 시대에 함경도 관찰사로 부임한 관리가 있었습니다. 그는 함경도를 두루 순시하기 위해 돌아다니다 명천에 이르렀습니다. 그리고 이곳에서 처음 보는 생선을 맛보았습니다.
>
> 그 관리는 자신이 먹은 생선의 이름이 무엇인지 사람들에게 물어 보았으나 아무도 이름을 몰랐습니다. 사람들은 다만 태씨 성을 가진 어부가 잡아 온 생선이라고만 말했습니다. 관찰사는 이 생선의 이름을 지어 줘야겠다고 생각했습니다. 그래서 명천의 '명' 자와 어부 태씨의 '태' 자를 합쳐 '명태'라고 했다고 합니다.

명태는 얼리기도 하고 말리기도 하는데, 손질하는 방법에 따라 이름이 열아홉 가지나 됩니다. 시장에서는 명태를 '생태'와 '동태'로 나눕니다. 생태는 냉동시키지 않은 명태이고, 동태는 냉동시킨 것입니다. 옛날에는 겨울철 추위로 꽁꽁 언 명태를 동태라고 했습니다. 요즘은 여름에도 냉동시킨 명태를 먹을 수 있습니다.

또 '북어'는 명태를 건조한 것입니다. 강원도의 눈발을 맞히며 말린 것은 '황태'라고 합니다. 어린 명태를 말린 것은 '노가리'라고 하고, 명태를 반쯤 말려 코를 꿰어 두름으로 파는 것은 '코다리'라고 합니다.

이와 같이 명태의 이름이 많은 이유는 그만큼 우리나라에서 명태를 즐겨 먹었기 때문입니다. 간수하는 방법에 따라 명태의 이름이 달라지듯, 각 이름마다 다른 요리 방법이 있습니다.

생태와 동태로는 얼큰한 매운탕을 끓이고, 북어는 물에 불려 찢어서 북어 해장국을 끓입니다. 코다리는 조리거나 양념을 해서 쪄 먹기도 합니다. 북어포와 노가리는 그대로 고추장에 찍어 먹기도 하고 양념장에 적셔서 구워 먹기도 합니다.

오징어, 낙지, 문어 이야기

울릉도 오징어와 세발낙지

오징어는 우리나라 동해안, 특히 울릉도 바다에서 많이 잡혔습니다. 그래서 울릉도 오징어가 유명합니다. 오징어잡이 철에 항구에 가면 한밤중에 등을 대낮처럼 밝힌 오징어잡이 배들이 밤바다에 떠 있는 것을 볼 수 있습니다. 오징어는 낮이면 바다 깊은 곳에서 놀다가 밤이면 수면 가까이 떠오릅니다. 그래서 밤에 오징어를 잡습니다. 게다가 오징어는 불빛을 좋아해서 배에 등불을 켜 두면 그 빛을 보고 몰려오지요.

마른오징어를 보면 표면에 흰 가루 같은 것이 묻어 있는데, 이 가루에는 피로를 풀어 주는 성분이 들어 있다고 합니다. 오징어를 요리하는 방법은 무궁무진합니다. 끓는 물에 살짝 데쳐서 고추장에 찍어 먹는 오징어 숙회, 고추장으로 맵게 양념해서 볶는 오징어볶음, 무를 넣고 끓이는 시원한 오징어 국, 오징어 몸통 속에 여러 가지 재료를 넣어서 만드는 오징어 순대 등 매우 다양합니다.

　우리나라 사람들은 마른오징어를 좋아하지만 다른 나라 사람들은 냄새만 맡아도 질색을 한답니다. 일본에도 마른오징어 비슷한 것이 있습니다. 그러나 양념을 발라서 살짝 말린 것이어서 우리가 즐겨 먹는 마른오징어 맛이 아닙니다. 오징어를 그대로 말려서 먹는 나라는 세계에서 우리나라밖에 없는 셈입니다.

　연체동물인 오징어, 문어, 낙지는 비슷하게 생겼습니다. 그러나 다른 점이 있습니다. 오징어는 다리가 열 개이고, 문어와 낙지는 다리가 여덟 개입니다.

　낙지는 목포의 '세발낙지'가 유명합니다. 세발낙지는 발이 세 개라서 세발낙지일까요? 아닙니다. 세발낙지의 '세'는 한문으로 '가늘다'라는 뜻의

'세(細)' 자입니다. 이 세발낙지는 낙지의 한 종류가 아닙니다. 세발낙지는 태어난 지 얼마 안 되어 어리기 때문에 다리도 가늘고 조그마한 것입니다. 보통은 어린 생선을 못 잡게 합니다. 어린 것들까지 모두 잡으면 생선들이 멸종해 버리기 때문입니다. 그런데 낙지의 경우는 왜 어린 것을 잡는지 모르겠습니다.

낙지 요리로는 '낙지볶음'이 가장 유명합니다. 새빨간 낙지볶음은 너무 매워서 눈물 콧물 흘리며 먹어야 합니다. 우리나라 사람들은 매운 것을 좋아해서 가끔 그렇게 먹어야 기분이 좋아진다고 하지요. 그래도 너무 매운 것은 조심해야 합니다. 위장병에 걸리기 쉽기 때문입니다.

까막바위 전설과 문어

동해의 묵호항 부근 해변에 검은색 바위가 우뚝 서 있는데, 이 바위를 까막바위라고 합니다. 이 바위에는 나라를 지키고자 했던 마을 촌장의 얼이 담겨 있습니다.

조선 시대, 묵호에 덕이 많은 촌장이 살았습니다. 배고픈 사람들에게 곡식

북한에서는 오징어를 낙지라고 한대요.

북한의 『조선말 대사전』에서 낙지를 찾아보면, 다리가 10개이고 머리 부위 양쪽에 발달한 눈을 갖고 있다고 적혀 있습니다. 우리가 알고 있기로는 오징어 다리는 10개, 낙지 다리는 8개입니다. 왜 이렇게 되었을까요? 우리 민족이 오랫동안 분단된 채 살고 있기 때문이겠지요. 통일이 되면 오징어와 낙지의 뒤바뀐 이름도 통일해야겠습니다.

을 나누어 주고 거지들에게도 따뜻하게 대접을 해 주는 분이었습니다.

그런데 이곳에는 간혹 일본 해적들이 배를 타고 건너와 마을 사람들의 재물을 빼앗고 사람을 해치기도 했습니다. 어느 날 두 척의 배를 타고 일본 해적들이 쳐들어와서 난동을 부렸습니다. 촌장은 일본 해적들과 싸웠지만 결국 사로잡혔습니다. 일본 해적들은 훔친 재물과 촌장을 싣고 떠나려고 했습니다.

이때 마을 사람들이 모두 삽과 곡괭이를 손에 들고 일본 해적들을 막아서서 싸웠습니다. 그러나 모두 무참히 죽어 갔습니다. 촌장은 분노에 떨며 크게 소리쳤습니다.

"네놈들이 내 육신을 죽인다 해도 나는 네놈들이 다시는 이곳을 넘보지 못하게 하리라."

이 말이 끝나자마자 맑은 하늘이 갑자기 컴컴해지고 천둥 번개가 쳤습니

다. 그리고 거대한 파도가 덮쳐 배를 뒤집어 버렸습니다. 배에 탔던 일본 해적들은 물에 빠져 죽었습니다. 나머지 배 한 척만 급히 달아나고 있었습니다. 그때 바닷속에서 갑자기 거대한 문어가 솟아올라 크나큰 다리로 배를 탕 내리쳤습니다. 배는 산산조각이 나고 배에 있던 일본 해적들은 모두 죽었습니다. 그러자 다시 하늘이 맑게 개고 파도가 잔잔해졌습니다. 그 뒤로는 일본 해적들의 침입이 그쳤습니다.

사람들은 촌장의 혼이 변신해서 문어가 되었다고 믿었습니다. 그리고 까막바위 밑에 큰 굴이 두 개 있는데, 이곳에 촌장의 영혼이 살고 있다고 믿었습니다. 죄지은 사람이 이 바위 밑을 지나면 문어에게 잡혀 죽었다고도 합니다. 이곳 사람들은 문어가 된 촌장을 수호신으로 받들며 매년 제사를 지냈습니다.

문어는 다리가 여덟 개인 연체동물인데, 작은 것도 있지만 큰 것은 어마어마하게 큽니다. 까막바위 전설에 나오는 문어도 큰 종류일 것입니다. 물론 전설이라서 더 공포스럽게 그려졌겠지요.

문어를 삶아서 초고추장에 찍어 먹으면 맛있습니다. 또 오징어처럼 말려서 먹기도 합니다. 마른 문어는 예전에는 잔치 음식으로 쓰였습니다.

'한치'라는 이름

오징어와 비슷하게 생긴 한치에는 왜 '한치'라는 이름이 붙었을까요? 한치는 오징어보다 맛이 달고 식감이 부드러우며 뒷맛이 산뜻해 횟감으로 좋습니다. 한치회덮밥도 인기입니다. 그런데 몸집에 비해 귀가 크고, 긴 두 다리 외에 나머지 다리는 한 치(3센티미터)도 안 되므로 이름을 한치라고 했답니다.

문어를 예쁘게 오리면 꽃 모양을 만들 수 있어서 음식을 예쁘게 꾸밀 때 사용했습니다. 그래서 새색시가 시집갈 때 싸 가는 음식인 이바지 음식에 많이 쓰였습니다.

바닷속 초원, 김과 미역

푸른 바닷속에는 육지와는 또 다른 모습의 초원이 있습니다. 바다 밑으로 내려가면 갈색, 녹색, 연두색의 잎들이 바닷물의 흐름에 따라 흔들리고 있습니다. 바다 밑 모래나 돌에 붙어 사는 식물들, 또는 정착하지 않고 정처 없이 바닷물에 떠다니며 사는 식물들입니다. 그 식물들은 바닷속 작은 물고기들이 쉬는 보금자리가 되기도 합니다. 그중에는 우리의 식탁에 오르는 것들도 있습니다. 바로 김, 다시마, 파래, 톳과 같은 것들입니다.

세계에서 바다의 식물인 해조류를 먹는 민족은 많지 않습니다. 우리나라와 일본 정도입니다. 바다 식물에는 건강에 좋은 요소들이 많아서 최근 새로운 건강식품으로 소개되고 있습니다.

참기름을 바르고 소금을 솔솔 뿌려 살짝 구워 낸 김은 고소하고 향긋합니다. 이렇게 구운 김은 우리나라 사람이라면 누구나 좋아합니다. 그런데 한때 외국 사람들은 김을 먹는 모습을 보고 이렇게 말했습니다.

"한국 사람은 검은 종이도 먹습니까?"

김이라는 음식 자체가 없었기 때문에 김을 검은 종이라고 한 것입니다. 김은 우리나라와 일본에서만 먹던 식품입니다. 다른 나라 사람들은 김이 얼마나 맛있는지 아직 모르고 있었던 것이지요. 그래서 그들은 김 먹는 사람을 검은 종이를 먹는 염소 보듯 신기하게 보기도 했습니다. 이제 김은 몸에 좋은 슈퍼푸드로 알려져 세계 각지에서 찾는 사람이 점점 늘어나고 있습니다.

우리나라에서는 오래전부터 김을 먹어 왔습니다. 중국의 문헌에 보면, 신라 사람들은 허리에 새끼줄을 매고 바닷속에 잠수하여 해조류를 채취한다고 했습니다. 밭에 배추씨를 뿌리고 배추 농사를 짓듯이, 바다에서도 바다 농사를 지을 수 있습니다. '김 농사를 짓는다'라고 하면 자연 상태의 김을 따는 것이 아니라 김을 인공적으로 기르는 것을 말합니다. 바다에 일정한 구역을 만들어 김의 홀씨를 뿌려 놓고 자라도록 하는 것입니다. 이런 김 양식도 오랜 역사를 가지고 있습니다.

그런데 김 양식과 관련해서 전해 내려오는 이야기가 있습니다. 김을 길러서 먹게 된 유래라고 할 수 있습니다.

삼백 년 전쯤 한 할머니가 바닷가에서 조개를 줍고 있는데, 바다에서 시커먼 것이 떠올라 왔습니다. 그것은 김이 더덕더덕 붙어 있는 나무토막이었습니다. 할머니가 나무토막에 붙은 김을 떼어 먹어 보니 맛이 아주 좋았습니다. 그 뒤부터 할머니와 바닷가 사람들은 대나무를 바닷속에 세워 두고 거기에 붙는

김말리기

김을 거둬서 먹었다고 합니다.

　미역도 우리에게 아주 익숙한 바다 식품입니다. 특히 아기를 낳은 산모는 꼭 미역국을 먹습니다. 미역은 몸에 좋은 성분이 매우 많아 아기를 낳느라 지친 몸을 빨리 회복하게 해 줍니다. 또 아기에게 먹일 젖도 잘 나오게 합니다.

　그런데 아기를 낳은 산모가 미역국을 먹는 풍속은 어떻게 해서 생겼을까요? 고래가 새끼를 낳고 나서 미역을 뜯어 먹으며 상처를 아물게 하는 것을 보고 미역을 먹기 시작했다고 합니다. 우리는 생일에도 미역국을 먹습니다. 왜 생일에 미역국을 먹는지는 알려져 있지 않습니다. 혹시 우리를 낳고 미역국을 먹은 어머니를 생각하며 먹으라는 뜻이 아닐까요?

　시험을 보러 가는 사람들은 절대 미역국을 먹지 않습니다. '미역국 먹었다'라는 말은 시험에서 떨어졌다는 뜻입니다. 미역이 미끌미끌해서 미끄러지는 것과 연관이 있다고 생각한 데서 비롯된 말이겠지요. 미역의 미끌미끌한 부분은 건강에 매우 중요한 역할을 합니다. 이것은 소화를 도와주고 변비에도 좋습니다. 또 요즘에 나오는 식품들은 농약 등으로 오염된 것이 많아서 걱정인데, 미역의 미끌미끌한 부분은 나쁜 오염 물질들을 잡아서 몸 밖으로 내보내는 역할을 한다고 합니다.

향긋한 자연의 선물, 나물 이야기

남새 푸새 잘 자라는 우리나라 나물나라

우리나라는 산과 들이 오밀조밀하고 날씨 좋고 물도 좋아 먹을 수 있는 식물이 많이 자랍니다. 우리나라 산과 들을 보면 나물 천국이라는 생각이 들 정도입니다.

산에서는 산나물이 나고, 들에서는 들나물이 납니다. 새순이 나오는 철이 되면 바구니 들고 산과 들로 나가서 따기만 하면 되지요. 그래서 우리나라 사람들은 산과 들에서 나는 나물을 많이 먹습니다.

산이 깊을수록 향이 짙고 귀한 나물이 많지만 가까운 앞산에도 산나물 거리는 많습니다. 그런 산나물로는 고사리, 도라지, 취나물 등이 있습니다. 또 들나물로는 달래, 쑥, 냉이, 씀바귀, 고들빼기, 명아주, 질경이, 비름, 민들레 등이 있습니다.

또 집 근처에는 직접 길러서 먹는 나물도 있습니다. 우리말 '남새'는 재배한 채소를 가리키는 말입니다. 반면에 '푸새'는 산과 들에서 야생으로 자라는 것을 가리키는 말입니다.

　봄이 되면 고양이가 쥐 잡는 것도 잊고 낮잠을 잔다는 말이 있습니다. 사람도 따뜻한 봄볕을 쬐다 보면 저도 모르게 꼬박꼬박 졸게 됩니다. 그런 증세를 춘곤증이라고 합니다. 요즘에는 그런 현상이 별로 심하진 않지만, 예전에는 좀 심했다고 합니다. 그럴 만한 이유가 있었겠지요?

　춘곤증은 겨울에 채소나 과일을 많이 먹지 못해 비타민이 부족해서 생기는 현상이라고 합니다. 그래서 봄이 오면 나물을 많이 먹어야 합니다. 옛날 사람들이 춘곤증에 대해서 그런 과학적인 사실들까지 알고 있지는 않았겠지만, 몸이 그렇게 하도록 했습니다.

　자연은 우리를 아프게 놔두지 않습니다. 자연이 때맞춰 주는 것을 먹으면 아프지 않고 건강해집니다. 봄에 자연이 주는 선물이 바로 산나물, 들나물입니다.

뽀빠이와 시금치나물

옛날 만화 영화 '뽀빠이'에 나오는 주인공 뽀빠이는 평소에는 별로 힘을 못 쓰는 뱃사람으로 나옵니다. 그런데 사랑하는 여자 친구 올리브가 못되고 힘만 센 브루터스에게 괴롭힘을 당할 땐 가만있지 않습니다. 뽀빠이는 브루터스와 싸우기 전에 꼭 해야 할 일이 있습니다. 시금치 통조림을 하나 따서 먹는 일입니다. 그러면 갑자기 근육이 튀어나오고 힘이 솟아올라 브루터스를 혼내 줄 수 있습니다.

시금치는 무척 좋은 식품입니다. 비타민 등 어린이 성장에 꼭 필요한 성분이 많이 들어 있기 때문입니다. 그런데 어린이들은 이상하게도 몸에 좋은 시금치를 잘 안 먹습니다. 그래서 어머니들은 어린이들에게 이 만화를 보여 주면서 뽀빠이처럼 힘을 내려면 시금치를 먹어야 한다고 이야기하곤 했지요.

미국 어린이들도 시금치를 잘 안 먹어서 그런 만화가 나왔을까요? 그렇다면 만화는 비교적 성공했습니다. 만화를 본 어린이들은 시금치를 먹어 보려고 노력했으니까요. 그러나 '뽀빠이'는 과학적인 만화라고는 할 수 없습니다. 시금치는 몸에 좋기는 하지만 힘을 불끈불끈 내게 하는 식품은 아니기 때문입니다. 삼계탕을 먹고 힘을 내서 싸운다면 말이 되지만, 시금치를 먹고 갑자기 큰 힘을 낼 수는 없기 때문이지요.

우리나라에서만 먹는 콩나물

예전에는 집에서 콩나물을 길러 먹었습니다. 시루에 짚을 태운 재와 콩을 켜켜이 넣고 보자기를 씌워 빛을 차단한 채 물을 주면 콩이 발아하여 콩나물이 나옵니다. 그런데 이 콩나물이라는 것이 매우 특별합니다. 콩나물을 만드는 재료인 콩 자체에는 없던 비타민 C가 콩나물에는 있기 때문입니다.

이 세상에서 콩나물을 먹는 나라는 우리나라뿐입니다. 우리나라에서는 콩나물무침, 콩나물국, 콩나물밥 등 콩나물이 다양하게 이용됩니다. 또 아귀찜이나 미더덕찜과 같은 매운 해물 음식에 아귀나 미더덕보다 더 많이 들어가 맛을 내는 것도 콩나물입니다.

일본에도 콩나물을 먹는 지방이 있기는 하지만, 그것은 우리나라 사람이 전파한 것입니다. 서양이나 중국에는 숙주나물이 있습니다. 그러나 콩을 발아시켜 만든 콩나물은 없습니다.

콩나물국

서양에도 콩이 있지만, 서양 사람들은 이상하게도 콩에 대해서 별로 좋지 않은 느낌을 가진 듯합니다. 고대 그리스 로마 시대에는 콩에 죽은 사람의 혼령이 산다고 여기기도 했습니다. 또 콩나물처럼 털이 달리고 다리가 하나인 유령이 콩깍지 속에서 나온다고 생각하기도 했습니다. 그러니 콩나물을 즐겨 먹을 수는 없었을 것입니다.

　요즘에는 세계적으로 각 나라의 전통적인 음식들이 서로 교류되고 있습니다. 세계 각국의 좋은 음식들을 알고 그것을 자기들의 식탁에 올리고 싶어 하는 사람이 많습니다. 우리나라 음식도 세계에 많이 알려야 합니다. 김치와 불고기 등은 많이 알려져 있는데, 우리의 좋은 식품인 콩나물은 세계 사람들이 아직 잘 모르는 것 같습니다. 콩나물로 맛있는 요리를 만들어 세계 친구들에게 권해 봅시다.

아름다운 꽃 음식

진달래 화전

　우리나라에서는 예전부터 꽃으로 멋스러운 음식을 만들었습니다. 봄이면 야산에 흐드러지게 핀 분홍 진달래를 따서 화전을 부쳐 먹었습니다. 향이 진한 아카시아 꽃을 송이송이 정성껏 따서 찹쌀로 쑨 풀을 묻혀 잘 말려 두었다가 튀기면 환상적인 '아카시아꽃튀김'이 됩니다.

　조선 시대 임금이 먹은 궁중 요리에도 꽃 음식이 있습니다. '호박꽃탕'이라는 것입니다. 호박꽃탕은 요즘 사람들에게는 거의 알려지지 않은 특별 요리입니다. 어떻게 만드는지 알아볼까요?

　먼저 다진 소고기와 채를 친 버섯을 함께 버무립니다. 작은 호박꽃을 따서 꽃술과 꽃받침을 떼어 낸 뒤, 버무려 둔 재료를 꽃 속에 넣습니다. 그런 다음 끓는 물에 살짝 데친 미나리로 속이 빠지지 않게 잘 묶습니다. 여기에 밀가루를 묻히고 달걀 물을 입힌 다음, 끓는 고기 국물에 넣어 끓이면 호박꽃탕이 됩니다.

세시 풍속과 음식 이야기

　우리나라는 명절도 많고 그때마다 만들어 먹는 음식도 많습니다. 몇십 년 전까지만 해도 우리나라는 농업 국가였으므로 계절이 변하는 것에 민감했습니다. 봄이 오면 씨앗을 뿌려야 하고 더위가 오기 전에 보리를 수확해야 하는 등 모든 농사 일정이 날씨와 관련이 있기 때문입니다.

　우리나라는 오랫동안 불교와 유교의 영향 아래 있었기 때문에 불교 행사나 조상들에게 올리는 제사 같은 의례를 중요하게 여겼습니다. 이러한 의례도 농사 절기와 관련된 것이 많습니다. 햇보리나 햇과일이 나오면 사당에 제사를 지냈습니다. '조상님 덕분에 좋은 햇것들을 수확했습니다.'라는 뜻에서입니다. 그러나 지금은 여러 전통 명절이 잊히고 있습니다. 명절에 만들어 먹던 음식들도 잊혀 갑니다. 옛날 명절 음식, 시절 음식을 살펴보며 우리 전통을 생각해 봅니다.

한 해의 시작

떡국 한 그릇 먹고 나이 한 살 먹고, 설날 (음력 1월 1일)

설날 아침에는 여러 가지 제물을 차려 놓고 조상들에게 차례를 지냅니다. 설날 차례에는 밥과 국 대신 떡국을 올립니다. 그래서 떡국차례라고도 합니다. 차례가 끝나면 어른들에게 새해 첫인사로 세배를 올립니다. 그리고 온 가족이 떡국을 먹습니다. 떡국을 먹어야 나이를 한 살 더 먹을 수 있다고 생각했습니다.

설날에는 여러 가지 음식을 준비하지만 뭐니 뭐니 해도 설날을 대표하는 음식은 떡국입니다. 새해 첫날 아침에 기다랗게 뽑은 가래떡을 썰어 떡국을 끓여 먹는 것에도 의미가 있습니다. 긴 가래떡처럼 길게, 오래오래 살라는 뜻이 담겨 있습니다.

떡국의 국물은 소고기나 꿩고기를 삶은 물을 사용했습니다. 꿩고기가 없을 때는 닭고기를 사용했습니다. 그래서 '꿩 대신 닭'이란 말이 생겼다고 합니다.

지방에 따라 떡국 만드는 방법도 다양합니다. 개성에서는 조그만 장구 모양의 떡을 넣은 '조랭이떡국'을 먹었습니다. 북쪽의 또 다른 지방에서는 만두를 넣은 떡국을 먹었습니다.

떡국 외에도 설날에는 여러 가지 음식을 준비합니다. 특히 친척이나 이웃이 세배하러 오면 대접하려고 음식을 준비해 두는데 이것을 '세찬'이라고 합니다. 손님들이 오면 떡국, 만둣국, 빈대떡, 각종 전을 비롯하여 다식, 강정 등을 세찬으로 대접했습니다.

오곡밥과 아홉 가지 나물, 대보름 (음력 1월 15일)

정월 대보름날은 설날만큼이나 큰 명절입니다. 이날 밤에는 둥그런 정월 대보름달이 뜹니다. 사람들은 이 보름달을 보며 한 해의 소원을 빌었습니다.

대보름날은 아침부터 할 일이 많습니다. 우선 일찍 일어나서 땅콩, 호두, 잣과 같이 딱딱한 껍데기를 가진 열매를 깨물어 먹습니다. 이것을 '부럼 깬다'고 합니다.

부럼

부럼을 깨 먹으면 일 년 동안 종기나 부스럼 같은 피부병이 생기지 않는다고 믿었습니다. 또 부럼을 깨는 것은 이를 튼튼하게 하기 위한 목적도 있다고 합니다. 그러나 호두를 깰 때는 조

심해야겠지요.

 과학적으로도 일리가 있습니다. 예전에는 여러 가지 좋은 음식들을 많이 먹지 못했습니다. 특히 겨울에는 과일이나 채소를 거의 먹지 못해서 피부가 꺼칠해지고 약해지기 쉬웠습니다. 그럴 때 식물성 기름과 좋은 영양소가 많이 들어 있는 호두, 땅콩, 잣과 같은 견과류를 먹으면 피부도 좋아지고 건강에 활력을 줍니다.

 대보름날에는 오곡밥이나 약식을 해 먹습니다. 신라 소지왕은 까마귀의 도움으로 궁중의 음모를 밝히고 목숨을 구한 적이 있었습니다. 소지왕은 도움을 준 까마귀들에게 감사하는 뜻으로 해마다 향기로운 찹쌀밥을 지어 까마귀들에게 바쳤는데, 여기에서 약식과 오곡밥이 유래되었습니다.

 찹쌀밥은 고려 시대에 화려한 떡 문화가 발전하면서 밤, 대추, 잣, 꿀

등이 들어가는 고급 음식으로 변했습니다. 그러나 서민들은 이렇게 고급스러운 약식을 만들어 먹을 수가 없었습니다. 그래서 찹쌀에 다른 곡식들을 섞어 오곡밥을 만들어 먹었지요. 보름날 먹는 오곡밥은 이렇게 해서 만들어진 것입니다.

오곡밥은 주로 찹쌀, 보리, 수수, 조, 콩, 팥, 기장, 쌀 가운데 다섯 가지 곡식을 섞어서 지었습니다. 대보름날에는 오곡밥을 여러 집에서 얻어먹어야 한다는 말이 있어서 이집 저집에서 밥을 서로 나누어 먹었습니다. 적어도 세 집의 오곡밥을 먹어야 그해 운이 좋다고 믿었습니다. 또 오곡밥은 아홉 번 먹어야 좋다고 해서 여러 번 먹었습니다.

오곡밥에는 아홉 가지 묵은 나물이 반찬으로 오릅니다. 아홉 가지 묵은 나물은 지난해 가을에 미리 손질해서 말려 둔 무, 취, 호박고지, 박고지, 가지말랭이, 말린 버섯, 고비, 시래기, 고사리 등입니다.

오곡밥과 나물을 먹을 때는 쌈을 싸 먹습니다. 김에 싸 먹어도 좋고 미역이나 다시마에 싸 먹기도 하며 배추에 싸 먹기도 합니다. 이 쌈을 '복쌈'이라고 부르는데, 한 해 복을 먹는다는 뜻이 담겨 있습니다.

옛날의 노동절, 머슴날 (음력 2월 1일)

음력 2월 초하루에 드는 머슴날은 노비와 머슴 같은 일꾼들을 위한 날입니다. 농사를 지을 수 없는 겨울은 농사를 짓는 일꾼들이 쉬는 기간입니다. 그런데 음력 2월부터는 슬슬 농사 준비를 시작해야 합니다. 녹슬거나 고장난 농기구도 손을 봐야 하고 논밭도 둘러봐야 합니다.

그래서 음력 2월 첫날에 한 해 농사를 맡아 줄 노비와 머슴들을 위해 맛있는 송편을 만들었습니다. 송편에는 주로 콩을 넣었는데, 대추나 미나리를 넣는 경우도 있습니다. 송편은 일꾼들의 나이 수만큼 나누어 주었습니다. 올 한 해도 열심히 일해 달라는 뜻으로요. 지금으로 치면 5월 1일 '근로자의 날'과 같은 날입니다.

따스하고 화사한 봄

꽃전 먹는 봄소풍, 삼월 삼짇날 (음력 3월 3일)

삼월 삼짇날은 봄기운이 약동하는 계절로 봄을 대표하는 명절입니다. 음력 3월이면 강남 갔던 제비도 돌아오고 나비도 나타납니다. 이때부터 사람들은 지난해 제비가 지어 놓은 제비 집을 고쳐 주며 제비를 기다립니다.

또 야산에 진달래가 흐드러지게 피는 시기이기도 합니다. 삼월 삼짇날에는 지천으로 핀 진달래꽃이 음식 재료로 한몫을 합니다. 먼저 진달래 화전을 부쳐 조상의 사당에 올렸습니다. 그런 뒤 여인들은 가까운 야산으로 소풍을 갑니다.

옛날 여인들은 거의 바깥나들이를 못했습니다. 그러나 이렇게 꽃 피고 새 우는 좋은 계절을 즐기지 못한다면 너무 억울했겠지요. 그래서 이날만큼은 여인들도 봄 소풍을 갔습니다. 이 봄 소풍을 '화전놀이'라고 불렀습니다. 소풍 가서 화전을 부쳐 먹으며 놀았기 때문이지요.

여인들은 진달래가 흐드러지게 핀 시냇가에서 솥뚜껑이나 옛날 프라이팬이라고 할 수 있는 번철을 돌 위에 걸쳐 놓고 진달래 화전을 부쳐 먹었습니다. 조선 시대의 시인 임제는 화전놀이 장면을 다음과 같이 시로 읊었습니다.

작은 시냇가에서 솥뚜껑을 돌에다 받쳐
흰 가루와 맑은 기름으로 진달래꽃 지지네.
젓가락 집어 들고 부쳐 놓은 떡 먹으니
향기가 입에 감돌아 일 년 봄빛을 배 속에 전하네.

이 시에서도 말하고 있듯이 화전은 찹쌀 반죽에 꽃을 섞거나 장식으로

꽃을 붙여 기름에 지져 먹는 것을 말합니다.

화전에는 진달래꽃만 넣는 것이 아니라 계절마다 좋은 꽃을 넣었습니다. 봄에는 분홍빛 진달래로, 여름에는 붉은 장미나 맨드라미로, 가을에는 노란 국화로 화전을 만들었습니다. 꽃이 없는 겨울에도 붉은 대추와 까만 석이버섯을 오려 떡 위에 꽃처럼 붙인 화전을 만들었습니다. 꽃의 향과 꽃의 모양이 그대로 살아 있는 화전은 우리 조상들의 멋을 느낄 수 있는 음식입니다.

국화 화전

조선 말기에는 궁중에서도 화전놀이를 했습니다. 궁녀들은 창덕궁 후원의 옥류천에 나가서 진달래꽃을 따 화전을 부쳐 먹으며 놀았습니다. 임금님도 행차하셨다고 합니다. 또 나라에서 노인 잔치를 열어 노인들도 봄기운을 한껏 즐기게 했답니다.

삼짇날에는 진달래 화전 외에도 붉은 오미자 물에 꿀을 타서 진달래꽃을 동동 띄운 오미자 음료수를 마셨답니다.

찬밥 먹는 한식 (양력 4월 5, 6일경)

한식은 동지에서 105일째 되는 날로 양력 4월 5일이나 6일 경입니다. 그래서 식목일과 겹칠 때가 많습니다. 이날은 성묘를 하는 날입니다.

한식은 중국의 춘추 시대 인물인 개자추를 기리는 날이기도 합니다.

개자추는 진나라 문공이 19년 동안 다른 나라로 떠돌아다녀야 했던 어려운 시절에 문공을 충성스럽게 모셨던 인물입니다. 문공이 먹을 것이 없어서 며칠을 굶다 쓰러지자 자기 넓적다리 살을 베어 먹일 정도였습니다.

그런 어려운 시절을 이겨 내고 문공은 결국 진나라 임금이 되었습니다. 그런데 문공은 자신을 그렇게 충성스럽게 도왔던 개자추를 그만 잊어버리고 말았습니다. 얼마 뒤 문공은 개자추를 잊어버린 사실을 깨닫고 신하들에게 개자추를 찾아오라고 했습니다.

그러나 개자추는 이미 모든 것을 포기하고 산으로 들어간 이후였습니다. 산으로 찾아간 신하들이 아무리 설득해도 개자추는 내려오지 않았습니다. 신하들은 궁리 끝에 산에 불을 지르면 개자추가 뛰어나올 거라고 생각하여 불을 놓았습니다. 그러나 개자추는 끝내 나오지 않고 불에 타 죽고 말았습니다.

이 이야기를 전해 들은 문공은 몹시 슬퍼하며 개자추를 위로하기 위해 해마다 개자추가 죽은 날에 모든 사람이 불을 지피지 못하도록 했습니다. 그날 이후로 한식날에는 불에 타 죽은 개자추를 생각하며 불을 지피지 않고 밥도 찬밥을 먹었습니다. 한식이란 말은 '찬 음식', '찬 것을 먹는다'는 뜻입니다.

한식 때는 건조한 날씨가 계속되는 봄철입니다. 불을 잘못 다루면 자칫 큰 산불이 날 수도 있는 때입니다. 불을 조심해야 할 때라서 개자추의 이야기를 널리 퍼뜨려 불조심을 잊지 않도록 했던 것입니다.

예전에는 한식에 봄을 맞이한다는 뜻에서 집 안의 불을 바꾸는 행사를 했답니다. 불은 만물을 키우는 기운이므로 임금이 대궐에서 버드나무나 느릅나무에 붙인 새 불을 관아에 나누어 주었습니다. 일반 가정에서도 묵은 불을 끄고 관아에서 나누어 주는 새 불을 받아 붙였습니다. 새 불이 대궐에서 관아를 거쳐 일반 가정에까지 이르려면 꽤 시간이 걸립니다. 그래서 그날은 불을 때서 밥을 짓지 않고 미리 지어 둔 찬밥을 먹었다고 합니다.

수레바퀴 모양의 쑥떡 먹는 단오 (음력 5월 5일)

음력 5월 5일 단오는 예전에는 아주 신나는 명절이었지만, 지금은 점점 잊혀 가고 있습니다. 옛날 춘향이와 이도령도 단옷날 서로 만났다고 하지요. 이날은 밖으로 나다니는 것이 어렵던 여인들에게 나들이가 허락되는 흔치 않은 날이었습니다. 그네를 뛰면서 놀 수 있는 날이었지요. 춘향이도 단옷날 그네를 뛰러 나왔다가 이도령을 만났고, 둘의 사랑이 시작되었습니다.

단오는 '수릿날' 또는 '수리'라고도 불렀습니다. 수리는 5월에 모내기를 끝내고 나서 농사가 잘 되기를 빌며 하늘에 제사를 지냈던 고대 축제의 전통을 계승한 것입니다. 그리고 이날 '수리취떡'을 만들어 먹었습니다.

수리취떡은 수리취를 넣어 만든 떡이라 하여 붙은 이름입니다. 수리취는 나물로도 먹을 수 있는 식물입니다. 이것을 뜯어 떡을 만들기 때문에 떡의 색이 녹색입니다. 수리취 대신 쑥을 쓰기도 하지요. 수리취떡은 떡살로 둥근 수레바퀴 모양을 찍어냈습니다. 수리는 수레를 가리키는 말입니다. 예전에는 수레가 아주 귀했습니다. 수레는 농사에도 중요한 기구

였습니다. 그래서 단오에 먹는 떡을 수레바퀴 모양으로 찍어 냈다고 합니다.

단오에는 창포물로 머리를 감는 풍속도 있었습니다. 창포물로 머리를 감으면 머릿결이 좋아진다고 해서 여인들은 계곡이나 강가로 나가 머리를 감았습니다. 이런 풍속이 생긴 데는 이유가 있습니다. 단옷날이 지나면 곧 장마철이 시작됩니다. 오랫동안 장맛비가 오면 눅눅해져서 여러 가지 병이 번지기 쉽지요. 그래서 이날 머리를 깨끗이 감아 청결히 한 것입니다.

한여름 나기

한여름의 피서, 유두 (음력 6월 15일)

7월, 8월이면 더위가 기승을 부리는 한여름입니다. 이때가 음력으로는 6월입니다. 옛날에는 음력 6월을 '썩은 달'이라고 했습니다. 만들어 놓기가 무섭게 음식이 쉬어 버리기 때문이었지요. 그래서 이달에는 이사도 안 가고 장도 안 담갔습니다.

이렇게 더울 때는 시원한 곳으로 가서 맛있는 음식을 먹으며 쉬고 싶어집니다. 요즘에는 바다로 산으로 여름 휴가를 떠납니다. 옛날 사람들도 지금과 비슷하게 피서를 했습니다.

보리를 거둬들이고 난 뒤에 한시름 놓고 쉬는 '유두'라는 명절이 있습니다. 유두는 음력 6월 15일로, 이날은 흐르는 물에 머리를 감아 불길한 것을 씻어 내는 풍습이 있었습니다. 농사일에 지치고 더위에 지친 몸을 시원하게 씻는 날인 셈입니다.

유두날 아침에는 햇과일인 수박, 참외와 햇곡식으로 조상들에게 제사

를 지냈습니다. 또 찰떡이나 밀떡을 장만해서 논이나 밭에 한 덩이씩 놓고 농사가 잘 되기를 빌기도 했습니다.

　이날 유두면을 먹으면 더위를 타지 않고 여름을 날 수 있다고 생각했습니다. 유두면은 밀가루를 동글동글하게 빚어 국물에 말아 먹었는데 언제부터인가 길쭉한 밀가루 국수를 쓰게 되었다고 합니다.

　가난한 서민들은 '개떡'을 많이 해 먹었습니다. 개떡은 보릿가루나 통밀가루로 만듭니다. 살구 중에서 작고 볼품없는 종류를 개살구라고 하듯이, 되는대로 모양 없이 만든 떡을 개떡이라고 합니다. 그러니까 여기서 '개'는 보잘것없다는 뜻이지요.

　개떡 중에서 보리로 만든 것이 보리개떡입니다. 유두는 보리를 거둬들인 뒤에 맞는 명절이므로 그날은 햇보리를 이용해서 떡을 만들어 먹었습니다. 햇보릿가루를 반죽해서 둥글넓적하게 막 쪄낸 것이라서 모양이 예쁘지는 않지요. 또 통밀가루로 만든 것은 밀개떡이라고 합니다. 거칠거칠한 껍질이 붙어 있는 채로 만들어서 역시 누렇고 못생기기 마련이지요. 이런 개떡에 쑥을 찧어 넣으면 쑥개떡이 됩니다. 모양은 예쁘지 않지만 햇곡의 영양과 쑥 향기가 듬뿍 담긴 훌륭한 식품입니다.

그 외에도 물만두, 맨드라미 화전, 화채, 구절판 등 그 시기에 한창 나는 햇과일, 햇곡식 등을 이용해 여러 가지 음식을 만들어 먹었습니다.

여름에 세 번 오는 복날

한여름 가장 무더울 때를 복더위라고 합니다. 복은 초복, 중복, 말복, 이렇게 세 번 있습니다. 복날에는 산 좋고 물 좋은 시원한 곳을 찾아가 찬물에 발을 담그며 더위를 잊었습니다.

복날에는 더위에 지친 몸의 기력을 되살리기 위해 고기를 먹었습니다. 주로 삼계탕을 먹었다고 합니다. 삼계탕은 닭의 뱃속에 인삼과 대추, 찹

밀전병에 싸 먹는 구절판

유두 때 많이 먹었던 구절판은 여덟 가지 음식을 밀전병에 싸 먹는 음식입니다. 구절판은 음식을 담는 그릇의 이름인데, 나무로 만들어진 아름다운 우리의 목공 예술품이기도 합니다. 가운데는 원형이고 밖으로 칸이 여덟 개로 나누어져 모두 아홉 칸이기 때문에 이름이 '구절판'이 되었습니다. 칸이 아홉 개는 아니어도 구절판과 같은 모양의 그릇이 삼국 시대의 유적에서도 출토되고 있으니, 구절판의 유래가 오래 되었음을 알 수 있습니다.

구절판

쌀을 채워 넣고 고아서 먹는 음식입니다.

개고기를 먹는 전통도 있습니다. 우리나라는 예부터 소나 돼지를 많이 기를 수 없었습니다. 넓은 초원이 없다 보니 소나 다른 동물들을 놓아 기를 조건이 되지 않았습니다. 무엇보다 소는 농사를 위해 일을 해 주는 충실한 일꾼이었습니다. 돼지도 특별하게 키웠지 대량으로 키우지는 않았습니다. 그래서 주변에서 쉽게 볼 수 있는 개를 먹게 된 것입니다.

지금은 개를 가족으로 여기고 개를 먹는다는 말조차 끔찍해하는 사람들이 많습니다. 개고기를 팔거나, 팔기 위해 조리하는 것도 법으로 금지되어 있습니다. 시대가 변화하면 음식 문화도 바뀝니다. 우리 음식 문화 가운데 지금의 시대와 맞지 않는 것은 어떤 것이 있을까요?

더운 여름을 위로하는 얼음

더운 여름철에는 시원한 아이스크림이나 냉동실에 얼린 얼음 알갱이가 더위를 식혀 주는 데 그만입니다. 우리나라에서는 신라 시대부터 얼음을 저장했습니다. 경주에 석빙고라는 얼음 창고가 유적으로 남아 있는 것을 보아도 알 수 있습니다. 또 고려 때도 얼음을 저장했습니다.

조선 시대에는 한여름에 임금이 신하들에게 얼음 창고에 보관해 두었던 얼음을 나누어 주었습니다. 복날에 임금이 2품 이상의 신하들에게 얼음을 하사하는 것이 큰 행사였습니다. 입춘 전에 한강의 얼음이 4치(약 12센티미터) 이상 두껍게 얼면 얼음을 떼어 빙고 속에 보관했다가 한여름에 나누어 주었습니다.

한양에는 얼음 창고가 두 군데 있었습니다. 동빙고와 서빙고인데, 지금까지 동네 이름으로 남아 있습니다. 동빙고의 얼음은 나라의 제사에 사용했고, 서빙고에는 궁궐에서 음식을 만들거나 왕족 및 관리들에게 선물할 때 쓸 얼음을 보관했다고 합니다.

풍성한 가을

매일 한가위만 같아라, 추석 (음력 8월 15일)

추석은 조상들에게 햇과일, 햇곡식을 바치며 한 해 농사를 돌봐 주어 고맙다고 인사하는 날입니다. 그래서 아침에 추석 차례를 지내고, 차례 후에는 조상의 산소를 찾아 성묘를 했습니다.

추석은 과일과 음식을 풍성하게 준비해 이웃과 서로 즐기며 나누어 먹는 날이기도 합니다. 그래서 '일 년 열두 달, 더도 말고 덜도 말고 매일 한가위만 같아라'라는 말도 있습니다.

추석 음식의 대표는 송편입니다. 온 가족이 한자리에 둘러앉아 서로 송편을 예쁘게 빚으려고 애씁니다. 송편을 예쁘게 빚어야 예쁜 아기를 낳는다고 생각했기 때문에, 여인들의 손길에는 더욱 정성이 들어갔습니다.

송편을 순우리말로 하면 '솔 떡'입니다. 송편을 찔 때 솔잎을 깔고 찌기 때문에 이러한 이름이 붙었습니다. 그래서 송편에서는 은은한 솔향기가 풍깁니다. 고소하고 달콤한 깨가 들어 있는 송편, 콩이 들어 있는 송편도 있습니다. 송편 속에 무엇이 들어 있을까 맞춰 보며 먹는 재미도 쏠쏠합니다.

추석에는 토란국을 먹습니다. 토란은 감자와 비슷하게 생겼습니다. 흙 속의 알 같다고 해서 흙 '토(土)'와 알 '란(卵)' 자를 써서 토란이라고 불렀습니다. 송편을 비롯해서 맛있는 음식이 많은 추석에는 과식하기 쉽지만 토란국이 있으니 걱정 없습니다. 토란에 소화를 돕는 효능이 있기 때문입니다.

추석을 한가위라고도 합니다. '한'은 크다는 뜻이고 '가위'는 가운데라는 뜻입니다. 8월 15일이 팔월의 한가운데이기 때문에 붙은 이름입니다.

그런데 가위는 원래 신라 시대의 길쌈놀이인 '가배'에서 유래했다는 이야기도 있습니다.

신라 유리왕 때의 일입니다. 도읍 서라벌의 여인들은 한가위 한 달 전부터 두 편으로 나뉘어 베를 짜기 시작합니다. 한가윗날, 여태까지 짠 베를 비교해 승부를 가립니다. 진 편은 이긴 편에게 술과 음식을 대접하고 춤을 추며 노래를 불렀다고 합니다. 이것을 가배라고 했습니다. 이 말이 나중에 '가위'라는 말로 변했습니다.

단풍놀이하며 국화전 지져 먹는 중양절 (음력 9월 9일)

중양절은 가을에서 겨울로 접어드는 길목에 있습니다. 이때에는 봄에 왔던 제비도 강남으로 다시 돌아갑니다. 그 대신 봄이 오기 전에 떠났던 기러기가 돌아오는 때입니다. 또 극성스럽던 모기가 사라지고, 뱀이나 개구리는 겨울잠을 자러 들어갑니다.

예전에는 삼월 삼짇날, 오월 오일 단오, 칠월 칠석처럼 홀수가 두 번 겹치는 날을 주로 명절로 삼았습니다. 중양절도 구월 구일이라서 홀수인 구가 두 번 겹치는 날입니다. 옛날에는 홀수가 두 번 겹치는 날은 복이 들어오는 좋은 날이라고 믿었습니다.

중양절은 잊혀 가는 명절입니다. 그러나 예전에는 중양절 즈음이 되면 높고 푸른 가을 하늘, 단풍이 물든 산과 들이 아름다워 가을 소풍이나 단풍놀이를 하며 즐겼습니다.

이때쯤이면 국화가 많이 핍니다. 그래서 중양절을 대표하는 음식에는 국화꽃이 들어갑니다. 봄에 진달래꽃으로 화전을 부쳐 먹었듯이, 가을에는 국화꽃으로 화전을 지져 먹었습니다. 선비들은 국화의 은은한 향기를 사랑해서 술잔에 국화 꽃잎을 띄워 놓고 멋을 부리며 술을 마셨습니다. 또 음식을 싸 들고 산과 들로 소풍을 나가 단풍을 감상하며 온종일 즐겁게 놀았습니다.

한 해의 마무리

귀신 쫓는 팥죽, 팥죽 먹는 동지 (양력 12월 22, 23일경)

동지는 한 해 중에서 밤이 가장 긴 날입니다. 동지가 지나면 낮이 조금씩 길어집니다. 옛사람들은 이날부터 태양이 다시 살아난다고 여겨 태양신을 숭배하는 축제를 벌였다고 합니다.

동지를 '작은설'이라고도 합니다. 태양 빛이 이날부터 점점 자란다고 생각해서 동지를 한 해의 시작으로 삼았던 것이지요. 동짓날은 태양의 움직임을 기준으로 하므로 양력 12월 22일이나 23일 무렵입니다.

동지에는 팥죽을 먹었습니다. 붉은 팥 국물에 찹쌀을 동그랗게 빚은 새알심을 넣어서 죽을 쑤지요. 예전에는 동지를 새해의 시작으로 생각해서 동지 팥죽을 먹어야 한 살 더 먹는다고 생각하고 자기 나이 수만큼 새알심을 먹었다고 합니다.

동짓날 붉은 팥죽을 쑤는 데는 이유가 있습니다. 여기에는 집안에 있는 못된 귀신들을 내쫓아 집안사람이 아프거나 나쁜 일을 당하지 않게 하겠다는 뜻이 담겨 있습니다. 그래서 팥죽을 쑤어 사당에 올린 다음 집 안 곳곳에 팥죽을 한 그릇씩 놓아두고, 대문이나 벽에는 팥죽을 뿌려 둡니다. 해를 끼치는 나쁜 귀신들이 붉은 팥죽을 무서워한다고 생각했기 때문이라고 합니다. 귀신이 팥죽을 무서워하는 이유에 대해서는 다음과 같은 이야기가 전해집니다.

중국 진나라 때 공공이라는 사람이 있었습니다. 그에게는 말썽꾸러기 아들이 하나 있었는데, 이 아들 때문에 걱정이 이만저만이 아니었답니다. 그러던 어느 해 동짓날, 그 아들이 역병에 걸려 죽고 말았습니다. 공공과 식구들은

아들의 죽음을 몹시 슬퍼했습니다.

그런데 또다시 문제가 생겼습니다. 죽은 말썽꾸러기 아들이 역병 귀신이 된 것입니다. 역병 귀신이 된 공공의 아들은 마을을 돌며 역병을 퍼뜨렸습니다. 역병이란 천연두라는 병으로 전염성이 매우 강합니다. 이 병이 돌면 온 마을 사람들이 병에 걸려 죽어 갈 만큼 무서운 병이었습니다.

공공은 자기 아들 때문에 죄없는 마을 사람들이 역병에 걸려 죽어 가는 것을 보고만 있을 수가 없었습니다. 공공은 귀신을 몰아낼 방법을 생각하다가 아들이 평소에 몹시 싫어했던 것을 떠올렸습니다. 공공의 아들은 팥을 싫어했습니다. 그래서 공공은 팥으로 죽을 쑤어 대문, 담 등 집 안 곳곳에 팥죽을 발랐습니다. 공공의 집으로 오던 역병 귀신은 집 안 곳곳에 붉은 팥죽이 발라져 있는 것을 보고는 깜짝 놀라서 그 길로 달아났답니다.

그 뒤로 사람들은 매년 동짓날에 팥죽을 쑤었습니다. 옛날에는 귀신이 붉은 것을 싫어한다고 믿었습니다. 아가씨들이 손톱에 빨간 봉숭아 꽃물을 들이는 것도 아가씨를 좋아하는 귀신을 쫓기 위한 것이었다고 합니다. 또 아기들의 백일이나 돌에 붉은 팥으로 시루떡과 수수팥떡을 만들어 먹는 것도 같은 이유에서였답니다.

'붉다'는 말은 원래 '밝다'라는 말에서 나왔습니다. 그래서 귀신이 붉은 색을 보면 달아난다고 생각한 것이지요.

맛과 멋이 어우러진 별식 이야기

우리 민족의 주식은 밥이지만 그렇다고 매일 밥만 먹고 사는 것은 아닙니다. 명절이나 집안에 좋은 일이 있으면 국수, 만두, 떡 등 갖가지 특별한 음식들을 만들어 먹었습니다. 또 어린이들이 좋아하는 과자와 몸에 좋은 음료수도 종류가 많습니다.

세계에 우리의 전통문화를 자랑하고 상품으로 내놓으면 인기를 끄는데, 여기에는 우리의 음식 문화도 한몫하지요. 그중에서도 특별한 날 먹는 별식은 맛과 모양이 뛰어난 우리 문화유산 가운데 하나입니다.

우리의 별식은 몸에 좋은 신선한 자연식품을 이용하여 만들므로 건강식으로도 인기가 있습니다. 또 우리만의 은은한 멋을 느낄 수 있도록 모양을 낸 음식들이 많아 보기에도 멋지답니다. 맛은 물론이고 멋있기까지 한 우리의 별식에는 어떤 것들이 있을까요?

장수를 비는 별식, 국수

국수는 언제부터 먹었을까

우리나라에서는 고려 시대부터 국수와 만두를 먹기 시작했습니다. 국수와 만두의 주재료는 밀가루입니다. 중국 북부 지방에서는 밀가루가 많이 생산되어 국수를 주로 먹었습니다. 몽골도 밀가루 음식을 즐겼지요.

고려 때 몽골과 중국의 영향으로 국수와 만두 같은 밀가루 음식이 우리나라에도 전파되었습니다. 그 뒤로 국수와 만두는 우리나라의 개성에 맞게 우리식 국수와 만두로 탄생했습니다.

예전에는 국수의 길이가 길어서 오래오래 사는 것과 연관 지어 생각했습니다. 그래서 아기들의 돌상에 국수를 올려서 아기가 오래 살기를 기원했습니다. 또 노인들의 환갑 잔치에도 국수를 올렸지요.

요즘도 "언제 국수 먹여 줄 겁니까?"라는 말을 합니다. 이것은 "언제 결혼하십니까?"라고 묻는 말입니다. 결혼식 잔치 음식에 국수가 빠지지 않았기 때문에 나온 말입니다. 고려에 온 송나라 사신이 고려의 풍속을 기록한 책을 보면, 고려에는 국수가 귀해서 혼례식이 있어야 먹을 수 있다고 나와 있습니다.

요즘에는 녹차 가루, 뽕잎 가루를 섞은 국수들이 건강식품으로 인기가 좋습니다. 조선 후기에도 다양한 국수들이 많이 만들어졌습니다. 국수 반죽에 밤을 넣은 밤국수, 백합 뿌리를 넣은 백합국수, 진달래꽃을 넣은 진달래꽃 국수 등이 있었습니다. 우리 조상들은 참으로 향그럽고 멋있는 음식을 만들어 먹었던 것 같습니다.

함흥냉면과 평양냉면

요즘에는 더운 여름에 시원하게 먹을 음식으로 냉면을 찾습니다. 그런데 옛 기록에 보면 냉면은 추운 북쪽 지방 사람들이 겨울철에 먹던 음식이라고 합니다. 여름에는 더위를 이기려고 일부러 뜨거운 음식을 먹는데 이것을 '이열치열'이라고 합니다. 이와는 반대로 추운 겨울에는 차가운 냉면을 먹어 오히려 몸에 열이 나도록 했다고 합니다.

 냉면은 우리나라 북쪽 지방의 대표적인 음식입니다. 특히 평양냉면과 함흥냉면이 유명한데, 두 냉면은 서로 많이 다릅니다. 평양냉면은 메밀 가루로 만들어서 질기지 않습니다. 그러나 함흥냉면의 국수는 옥수수나 감자 또는 고구마의 전분으로 만들기 때문에 면이 질겨서 국수를 가위로 잘라 먹어야 합니다.

 또 평양식 물냉면은 메밀국수를 동치미 국물이나 고기 국물에 말아 먹습니다. 여기에 무김치나 배추김치를 곁들이고 돼지고기를 얇게 썰어 올립니다. 구한말 고종 임금도 동치미 국물에 얇게 썬 돼지고기와 배를 올리고 잣을 띄운 냉면을 즐겨 먹었다고 합니다. 한편 함흥냉면은 새빨갛게 매운 양념을 해서 비벼 먹습니다. 또 회를 빨갛게 무쳐서 냉면 위에 올려 같이 먹기도 합니다.

모양도 맛도 가지가지, 떡 이야기

백결 선생의 떡방아 소리

떡은 우리나라 사람들이 축하할 일이 있거나 중요한 행사에 반드시 준비하는 음식입니다. 요즘에는 생일이나 축하 행사 때에 케이크가 떡의 역할을 대신하고 있습니다.

하지만 우리의 전통 떡을 먹어 본 외국 사람들은 누구나 매우 감탄합니다. 떡은 세계에 내놓고 자랑할 만한 음식입니다. 또 오랜 역사를 가지고 있는 만큼 거기에 얽혀 있는 이야기도 참으로 많습니다.

먼저 신라 시대 이야기부터 알아봅시다.

신라 시대 때 거문고를 잘 타기로 유명한 백결 선생이 있었습니다. 백결 선생은 서라벌의 남산 밑에서 살던 가난한 선비였습니다. 얼마나 가난했던지 옷을 무려 백 군데나 기워서 입었다고 합니다. 동네 사람들은 옷을 백 번 기워 입었다고 해서 그를 '백결 선생'이라고 불렀습니다.

백결 선생은 거문고 연주를 기가 막히게 잘했습니다. 즐거울 때나 화날 때나 슬플 때나 그는 거문고를 연주했습니다. 그러던 어느 해의 마지막 날이었습니다. 다음 날이 설날이라 집집마다 떡방아를 찧는 소리가 들려왔습니다. 그러나 백결 선생의 집에는 떡을 만들 쌀이 없었습니다. 백결 선생의 아내는 다른 집 방아 소리를 들으며 길게 탄식했습니다.

　"아! 다른 집에서는 모두 곡식을 찧어 설을 쇨 준비를 하는구나. 그런데 우리 집은 설날에도 떡 하나 만들 수 없으니……."

　옆에서 아내의 탄식 소리를 들은 백결 선생도 한숨을 내쉬었습니다.

　"부인. 너무 속상해하지 맙시다. 사람이 죽고 사는 것은 정해진 운명에 따르는 것입니다. 또한 가난한 것도 하늘이 정해 주신 일이라오. 그렇지만 슬퍼하는 당신을 위해서 내가 거문고를 한번 타 보리다. 그만 속상해하시오."

그렇게 말하고 백결 선생은 거문고를 탔습니다.

"쿵덕 쿵덕 쿵덕쿵."

백결 선생은 거문고로 흥겹게 떡방아 찧는 소리를 연주해 아내를 위로했답니다.

백결 선생이 연주한 이 가락은 사람들에게 널리 전해져 지금은 '방아타령'이라는 민요로 남게 되었다고 합니다. 명절이면 떡을 만들어 흥겹게 먹고 놀던 우리 풍속과 어우러져 오랫동안 이어져 온 것입니다.

백결 선생의 거문고 솜씨는 점차 세상에 알려져 마침내 대궐 안에까지 알려졌습니다. 왕실에서는 백결 선생이 재주는 많지만 가난하다는 말을 듣고 도와주려고 했습니다. 그러나 백결 선생은 가난한 대로 욕심 없이 사는 것도 좋은 일이라며 왕실의 도움을 받지 않았다고 합니다.

떡에 찍힌 잇자국

떡과 관련한 신라 시대의 역사 이야기가 또 하나 있습니다. 신라의 왕을 뽑을 때 사용된 떡 이야기입니다.

신라를 세운 왕은 박혁거세입니다. 그의 뒤를 이은 신라의 제2대 왕은 박혁거세의 아들인 남해왕입니다. 남해왕에게는 아들인 유리 왕자와 딸인 아니 공주가 있었습니다. 아니 공주는 석탈해와 혼인을 했습니다. 남해왕이 돌아가시자 다음 왕위를 이을 인물을 가려야 했습니다. 원래는 유리 왕자가 왕위를 이어야 했지만 남해왕이 유언으로 사위인 석탈해를 지목했기 때문입니다. 유리나 석탈해 모두 재주가 뛰어난 인물이었습니다. 그래서 두 사람은 서로 왕위를 사양했습니다.

결국 석탈해가 한 가지 꾀를 내어 이렇게 제안을 했습니다.

"이가 많은 사람이 왕이 되도록 합시다."

예부터 덕이 높은 사람은 보통 사람보다 치아가 많다는 이야기가 전해 왔기 때문입니다. 그래서 두 사람은 떡을 깨물어 그 잇자국을 세어 보았습니다. 유리의 이가 더 많았습니다. 사실 석탈해는 이미 유리의 치아 개수가 더 많다는 것을 알고 한 말이었습니다. 그리하여 유리왕이 신라 제3대 임금이 되었습니다.

그럼 이때 사용된 떡은 어떤 것이었을까요? 잇자국이 새겨질 수 있는 떡이었으니 아마도 절편이나 가래떡이었을 것입니다.

까마귀에게 만들어 준 약식

약식은 찹쌀에 대추, 밤, 잣 등을 섞어서 찐 다음 꿀이나 설탕에 버무려 다시 한번 찐 떡으로 약밥이라고도 합니다. 조선 시대에 중국을 여행했던 사람들이 약식을 만들어 중국 사람들에게 선물했는데 그들이 매우 좋아했다고 합니다.

약식

이 약식은 음력 1월 15일인 정월 대보름날 많이 먹었습니다. 거기에는 다음과 같은 이야기가 전해지고 있습니다.

신라의 소지왕이 정월 보름날 궁전을 벗어나 천천정이라는 곳으로 행차했습니다. 그런데 까마귀 한 마리가 은 술잔을 물고 와서 임금 앞에 놓았습니다. 그 술잔 안에는 편지가 들어 있었습니다. 봉투에 다음과 같이 씌어 있었습니다.
"뜯어 보면 두 사람이 죽고 안 뜯어 보면 한 사람이 죽는다."
임금은 가만히 생각하더니 이렇게 말했습니다.
"두 사람이 죽는 것보다는 한 사람이 죽는 것이 낫다."
그런데 한 신하가 나서서 아뢰었습니다.
"아닙니다. 한 사람이란 전하를 두고 하는 말이고, 두 사람이란 신하를 두고 하는 말입니다."
그래서 소지왕은 편지를 뜯어 보았습니다. 편지에는 '대궐 안에 있는 거문고의 갑을 쏘시오.'라고 씌어 있었습니다.
소지왕은 대궐로 돌아와 거문고를 넣어 놓는 갑을 향해 화살을 쏘았습니다. 그러자 갑 속에서 비명이 들렸습니다. 갑 속에는 소지왕을 죽이려고 음모를 꾸미고 있던 왕비와 중이 숨어 있었던 것입니다.
소지왕은 까마귀에게 감사 표시를 하기 위해 매년 정월 대보름이 되면 향기로운 밥을 지어 까마귀들에게 바쳤다고 합니다. 그 뒤로 지금까지 명절 음식으로 전해져 옵니다.

신라 시대에 까마귀에게 바친 것은 찹쌀밥 정도였는데, 고려시대에 와서 호화로운 떡으로 발전했습니다. 그래서 지금처럼 찹쌀에 밤, 대추, 잣, 꿀을 섞은 맛있는 약식이 만들어진 것입니다.

송편과 숙종 임금

송편은 한가위, 곧 추석을 대표하는 떡입니다. 추석 전날, 온 식구가 모여 앉아 송편을 빚었습니다. 그런데 송편은 한가위 때만 해 먹는 음식이 아니었습니다. 언제든 좋은 날에는 자주 송편을 빚어 먹었습니다. 송편에 얽힌 이야기는 참으로 많습니다. 다음은 조선의 숙종 임금과 송편에 얽힌 이야기 한 토막입니다.

조선 시대 숙종 임금이 궁궐에서 나가 몰래 백성들이 사는 곳을 둘러보다가 남산골을 지나게 되었습니다. 밤이 깊었는데 어디서 글 읽는 소리가 나서 가 보니, 한 오두막집에서 나는 소리였습니다. 임금은 창 너머로 방 안을 가만히 엿보았습니다. 젊은 남편은 글을 읽고 있었고 아내는 등잔 밑에서 바느질을 하고 있었습니다.

임금은 가난한 부부의 모습이 정겨워서 흐뭇하게 보고 있었습니다. 그런데 문득 젊은 남편이 책을 덮더니 속이 출출하다고 했습니다. 새댁은 얼른 주발에 담긴 송편 두 개를 내놓으며 권했습니다. 남편이 냉큼 하나를 집어 먹더니, 하나 남은 것마저 또 집어 들었습니다.

숙종 임금은 혼자 떡을 다 먹어 버리려는 남편이 괘씸하여 호통을 치려고 했습니다. 그런데 남편이 자기 입으로 송편의 한쪽을 물더니 새댁의 입에 넣어 주었습니다.

숙종은 다정한 부부의 모습을 흐뭇하게 지켜본 뒤 궁으로 돌아왔습니다. 다음 날, 임금은 가난한 선비 부부를 떠올려 보다가 은근히 왕비에게 송편이 먹고 싶다고 말했습니다. 사정을 모르는 왕비는 궁중 주방에 명령을 내려 송편을 많이 만들도록 했습니다. 그리고 송편을 그릇에 가득 담아 숙종에게 올렸습니다.

숙종은 떡이 먹고 싶었던 것이 아니고, 가난한 선비 부부처럼 송편 몇 개를 왕비와 정답게 나눠 먹고 싶었던 것입니다. 그런데 그릇에 가득 담아 올린 송편을 보고는 화가 나서 버럭 소리를 지르고 말았답니다.

"어허, 내가 돼지란 말이오? 이렇게 많은 송편을 먹으라니."

큰일 있을 때 쪄 내는 떡

하얀 쌀과 불그레한 팥이 어우러진 시루떡은 우리나라의 대표적인 떡입니다. 집안에 큰일이 있으면 시루떡을 쪘고, 반드시 이웃과 서로 나누어 먹었습니다. 그래서 시루떡은 자주 얻어먹을 수 있는 떡이었습니다.

팥시루떡

옛날에는 붉은색이 나쁜 귀신이나 나쁜 기운을 물리치는 힘을 가지고 있다고 믿었습니다. 그래서 집안에 나쁜 일이 생기지 말라는 소망을 담아 붉은색이 나는 팥을 넣어 떡을 만들었습니다.

이사를 가면 팥을 넣고 시루떡을 해서 이웃에 돌려 나누어 먹어야 새집에서 잘 살 수 있다고 믿었습니다. 또 아기의 백일이나 돌날에는 여러 가지 떡을 만들었는데, 붉은 팥고물 경단은 꼭 만들었습니다. 그래야 아이가 건강하게 자랄 수 있다고 믿었던 것이지요. 동짓날 팥죽을 먹고 집 안팎에 뿌리는 것도 팥의 붉은색이 나쁜 것을 막아 준다고 믿었기 때문입니다.

백의민족과 백설기

우리 민족은 흰색을 좋아합니다. 그래서 흰옷을 입는 민족이라는 뜻으로 우리를 '백의민족'이라고 합니다. 흰옷을 입은 전통은 매우 오래되었습니다. 고조선은 기록이 남아 있지 않아서 확인되지 않지만, 그 뒤에 세워진 부여에서는 이미 흰옷을 즐겨 입었습니다. 그 뒤로 삼국 시대와 고려 시대에도 귀족들을 제외한 일반 백성들은 흰옷을 입었습니다. 조선 시대도 마찬가지였습니다.

이웃 나라인 중국 사람들은 검정 옷을 즐겨 입고 일본 사람들은 남색 옷을 즐겨 입었습니다. 색깔이 짙은 옷은 빨래하기도 쉽고 일할 때도 더러워질 걱정이 없습니다. 그런데 우리나라 사람들은 왜 흰옷을 즐겨 입었을까요? 우리 민족은 아주 오래전부터 태양을 숭배하여 태양을 상징하는 흰빛을 좋아했습니다. 그래서 흰옷을 입었는데 그 전통이 계속 전해진 것입니다.

전통 음식 중 백설기는 매우 오래전부터 우리 민족이 제사에 올린 제물이었습니다. 백설기는 희디흰 눈 같은 떡입니다. 쌀가루로만 희게 쪄내고 다른 재료를 첨가하지 않습니다. 이렇게 하얀 떡은 순수함과 신성함을 상징합니다. 백의민족과 잘 어울리는 떡이지요. 그래서 백설기는 경건한 제사가 있거나 아주 특별한 날 만들었습니다. 아기의 백일과 돌에는 꼭 장만했답니다.

귀한 옛날 과자, 과즐

통일 신라 시대부터 만든 전통 과자

우리 전통 과자를 '한과'라고 하는데, '과즐'이라고도 합니다. 과즐은 과자의 기원이기도 합니다.

오랜 옛날에는 하늘과 땅에 제사를 지내는 일이 많았습니다. 명절이 되면 항상 조상과 천지에 감사의 제사를 올렸습니다. 언제부터인가 제사상에는 과일을 올리는 것이 원칙이 되었습니다. 그런데 과일이 나지 않는 계절에는 어떻게 해야 할까요? 옛사람들은 과일 대신 곡물 가루를 반죽하여 과일 모양을 만들어 제사상에 올렸습니다. 이것이 과자의 기원입니다. 과즐이란 말은 과일, 과실이라는 말과 관련이 있는 것이지요.

통일 신라 시대부터 본격적으로 유과와 강정 같은 전통 과자들이 만들어지기 시작했습니다. 특히 통일 신라와 고려는 불교가 나라의 종교였기 때문에 제사상에도 고기를 올리지 못했습니다. 그래서 물고기나 새 모양의 과자를 빚어 그것을 제사상에 올렸다고 합니다.

고려 시대에 발달한 우리 과자, 다식

고려 시대에 고기를 먹지 않았기 때문에 떡과 과자가 발달했습니다. 고려 시대의 과자 중에 다식이라는 것이 있습니다. 다식의 '다'(茶) 자는 마시는 차를 뜻합니다. 다식은 고려 시대부터 차에 곁들여 먹던 음식이었습니다.

요즘에는 찻잎을 썰어 말린 것을 뜨거운 물에 넣어 우려내 마십니다. 그런데 옛날에는 찻잎을 말려 가루로 만들었습니다. 이 가루차를 꼭꼭 눌러 덩어리로 뭉쳐 두거나 그 덩어리를 틀에 넣어 일정한 모양으로 찍어 냈습니다. 가루차를 이렇게 딱딱하게 굳히면 오래 보관할 수 있었습니다. 먹을 때에는 덩어리째 물에 넣거나 조금씩 부수어 사용했다고 합니다.

나중에는 다른 곡식 가루도 이렇게 만들었는데, 이것을 다식이라고 했습니다. 콩가루, 찹쌀가루, 송홧가루, 녹말가루, 검은깨가루 등을 각각 꿀로 반죽하여 다식판에 찍어 낸 것입니다. 쌉싸름한 녹차에 달콤한 다식을 곁들여 먹으면 맛이 어우러져 풍미가 매우 좋습니다. 서양 사람들이 홍차나 커피와 함께 달콤한 쿠키나 케이크 한 조각을 곁들여 먹는 것과 비슷하지요?

다식은 하양, 노랑, 연두, 분홍, 검정의 다섯 가지 색으로 물을 들입니다. 이것을 '오색다식'이라고 합니다. 우리나라를 비롯한 동양에서는 다섯 가지 색을 오색이라고 하여 순수한 색이라고 생각했습니다. 빨강, 노랑, 하양, 검정, 파랑이 오색입니다. 다식의 오색도 이 오색을 기준으로 물을 들인 것입니다.

그럼 다식의 오색 빛깔은 어떻게 낼까요? 하얀 녹말가루는 그대로 사용하여 흰빛을 살립니다. 그리고 찹쌀가루에 오미자물을 들이면 붉은색이 납니다. 오미자물을 연하게 들이면 고운 분홍빛 다식도 만들 수 있습니다. 또 소나무 꽃인 노란 송화의 가루를 섞어 노란 다식을 만듭니다. 검은깨를 가루로 내어 섞으면 검은 다식이 되고요. 예전엔 승검초라는 것을 사용해서 푸른 다식도 만들었습니다. 요즘에는 승검초를 구할 수 없을 때 완두콩을 이용합니다.

다식판

다식

다식은 색도 곱지만 모양도 아기자기합니다. 다식의 문양은 다식판으로 찍어서 만듭니다. 다식판은 떡살과 비슷합니다. 새, 꽃, 물고기 모양의 문양도 있고 직선과 곡선 등으로 이루어진 문양도 있습니다. 또 복을 많이 받으라고 복 '복(福)' 자를 새긴 것도 있습니다. 궁중에서 만드는 다식은 왕을 상징하는 용과 봉황 무늬가 있었습니다.

오색 다식은 잔칫상에 올라 정성과 화려함을 더해 주는 역할을 했습니다. 지금도 할아버지 할머니의 환갑이나 칠순, 팔순 잔칫상에는 색색 가지 다식을 둥근 탑처럼 쌓아 올립니다. 예전에는 돌상에서부터 혼례상까지 잘 차린 상에는 모두 다식이 올라갔습니다.

다식판만 있으면 어린이도 다식을 쉽게 만들 수 있습니다. 미숫가루로도 만들 수 있습니다. 미숫가루에 꿀이나 물엿을 섞어서 잘 빚은 뒤 다식판에 찍어 내면 됩니다. 요즘에는 콩가루나 깻가루를 파니까 쉽게 다식을 만들 수 있습니다.

약과를 만들면 곤장 80대

전통 과자 중 기름과 꿀로 빚은 것을 유밀과라고 하는데, 지금은 약과라고 합니다. 원래 약과는 고려 시대에 많이 만들어졌습니다. 단순한 간식이 아니고 제사에 올리기 위한 제물이었습니다. 약과는 요즘에도 제사상에 빠지지 않습니다. 약과는 귀한 밀가루에 귀한 참기름과 꿀을 많이 써서 만든 과자 중의 과자였습니다.

고려 시대에는 꿀과 기름으로 범벅이 된 약과를 국가적 제의나 잔치에 사용했습니다. 중국에서도 우리 약과는 유명했다고 합니다. 고려 충선왕의 세자가 원나라에 가서 잔치를 베풀 때 손님들에게 고려 약과를 대접했습니다. 약과를 먹어 본 중국 사람들이 그 맛에 놀라며 칭찬을 아끼지 않았다고 합니다.

고려에서는 약과가 너무나 유행해서 꿀과 참기름이 동이 날 정도가 되었다고 합니다. 그래서 궁중에서 쓰이는 약과도 숫자를 제한했다고 합니다. 또 백성들의 살림살이가 어려워지자 약과를 만들지 못하도록 아예 금지령을 내리기도 했답니다.

약과

이것은 고려 때만의 일이 아니었습니다. 조선에서도 집에서 사치스러운 약과를 만들지 못하도록 금지령을 내린 경우가 많았습니다. 조선 시대 기록을 보면 혼례식에 약과를 만들어 쓴 사람이 있었는데 그 벌로 곤장 80대를 맞았다고 합니다.

약과를 만들려면 먼저 밀가루에 참기름을 넣고 손으로 비벼 섞은 뒤 체에 내립니다. 그런 다음 꿀, 생강즙 등을 넣고 뭉쳐서 약과판에 박아 모양을 만듭니다. 이것을 속까지 잘 익도록 기름에 천천히 튀깁니다. 막 튀겨서 뜨거울 때 꿀에 푹 담그면 '치지지직' 소리를 내며 꿀물이 튀긴 과자 속으로 스며들지요. 꿀 대신 조청을 사용해도 됩니다. 꿀물이 과자 속에 듬뿍 배면 꺼내서 잣가루를 뿌려 냅니다.

달콤한 엿과 강정

예전에는 단맛을 보기가 힘들었습니다. 우선 설탕을 구할 수가 없었습니다. 설탕은 고려 초기부터 송나라에서 수입되었지만 백성들은 거의 접할 수 없었습니다. 꿀은 단맛이 강하지만 너무 귀하고 비쌌습니다. 그런데 고려 시대에 생겨나 오래도록 우리 민족에게 달콤한 맛을 준 것이 있으니 바로 엿입니다.

엿을 먹으면 입안에 쩍쩍 달라붙기 때문에 요즘에는 엿을 잘 먹지 않습니다. 단지 시험을 치르는 학생들을 위해 부모님이나 친구들이 엿을 선물하곤 하지요. 엿이 입 안에 쩍쩍 붙듯이 원하는 학교나 시험에 쩍쩍 붙어 합격하라는 뜻으로요.

엿은 우리 조상들에게 최고의 간식이자 조미료이기도 했습니다. 예전에는 한겨울이나 설날 무렵이면 집집마다 다디단 엿을 고았습니다. 엿은 엿 자체로도 먹지만 여러 가지 음식과 과자를 만드는 데 반드시 필요했기 때문입니다.

엿이 들어가는 우리 과자에는 강정이 있습니다. 강정은 찹쌀 반죽을 튀겨 묽은 엿인 조청에 담갔다가 꺼낸 뒤, 여기에 깨나 튀긴 곡식을 입힌 것입니다. 강정은 속이 비어 있어서 바삭바삭하며 맛이 부드럽고 향긋합니다. 강정도 역사가 오래된 과자입니다. 고려 시대에 과자와 떡이 발달하고 엿이 만들어지기 시작하면서 강정이 만들어졌다고 합니다.

강정은 여러 가지 재료로 만들고 모양도 여러 가지라서 이름도 많습니다. 네모나게 만든 강정은 '산자'라고 합니다. 또 곡식을 낟알 그대로 튀겨서 붙이면 매화나무에 하얀 매화가 핀 듯하다고 하여 '매화강정'이라는 예쁜 이름을 붙이기도 했습니다.

  강정으로 하는 놀이도 있었습니다. 설날에 쓸 강정을 만들 때 쪽지에다 관직 명칭을 적어 속에 넣었습니다. 예를 들어 정일품, 정이품 하는 식으로요. 나중에 강정을 먹으면서 그 속에 들어 있는 쪽지를 꺼내 누구의 관직 명칭이 더 높은지 겨루었답니다.

멋스럽고 향긋한 전통 음료수

삼국 시대 음료수 식혜와 궁중 음료수 수정과

우리 조상들은 몸에도 좋고 맛도 좋은 음료수를 만들어 먹었습니다. 우리의 전통 음료수인 식혜와 수정과는 몸에 좋은 건강 음료수입니다. 식혜는 맛도 좋지만 소화가 잘 안 될 때 마시면 소화를 돕는 소화제 역할도 합니다. 또 수정과는 원래 궁중에서 마시던 차인데 생강과 계피가 들어가 있어서 몸에 좋습니다.

식혜는 우리 음료수 중 가장 오랜 역사를 자랑합니다. 『삼국유사』에 신라 때 제사 음식으로 쌀밥, 떡, 술, 식혜가 올랐다고 기록되어 있습니다. 식혜는 뜨겁게 먹을 수도 있는데 뜨거운 식혜를 '감주', '단술'이라고도 합니다. 식혜는 차게 먹어도 맛있습니다.

우리나라는 반세기가 넘게 남북으로 분단되어 있다 보니 서로 언어도 조금씩 달라지고 음식도 달라지고 있습니다. 그런데 요즘에도 북한에서는 손님을 대접할 때 우리 음료수인 식혜를 내놓는다고 합니다. 삼국 시대부터 전해 내려온 전통은 쉽게 사라지지 않나 봅니다.

달면서도 톡 쏘는 맛과 그윽한 향기를 지닌 수정과는 원래 임금의 수라상과 궁중 잔칫상에 오르던 고급스러운 궁중 음료수였습니다. 수정과의 톡 쏘는 맛은 생강에서 나오고, 은은한 향기는 계피의 향입니다. 수정과에서 계피 향이 밴 촉촉한 곶감을 건져 먹는 맛은 일품입니다.

수정과

붉은 오미자 물에 동동 꽃잎을 띄워

날씨가 더워지면 뭔가 시원한 것이 마시고 싶어집니다. 우리 조상들도 마찬가지였겠지요. 조상들은 여름 음료로 화채를 만들었습니다. 화채는 꿀물이나 오미자 물에 과일이나 꽃잎을 띄워 먹는 여름 전통 음료입니다.

화채도 역사가 오래된 음료입니다. 『삼국유사』에는 가락국의 수로왕이 난초의 향이 나는 음료를 하사했다는 기록이 있습니다. 아마도 삼국 시대보다 더 오래전부터 꽃이나 열매로 음료수를 만들어 먹었을 것으로 보입니다. 삼국 시대에는 오미자나 박하 등으로 음료를 만들었습니다.

화채의 국물 재료로 가장 많이 사용한 것은 오미자입니다. 오미자는 이름에 걸맞게 다섯 가지의 맛이 나는 붉은 열매입니다. 단맛, 쓴맛, 짠맛, 매운맛, 신맛이 모두 들어 있습니다. 그래서 새콤, 달콤, 쌉싸름한 오묘한 맛이 납니다. 오미자 물은 갈증을 해소해 주고 피로를 풀어 주기 때문에 더위에 지친 여름에 좋은 음료수입니다.

　오미자 열매에 다섯 배 정도의 물을 부은 뒤 하룻밤 두면 새빨갛고 맑은 오미자즙이 우러납니다. 이것이 각종 화채에 쓰이는 빨간 오미자 물입니다. 이 물에 꿀을 탑니다.

　요즘에는 얇게 썰어 꽃 모양으로 오린 배를 오미자 물에 띄우곤 합니다. 그런데 예전에는 계절마다 다른 재료를 써 더욱 운치가 있었습니다. 봄에는 분홍 진달래 꽃잎을 띄웠고 여름에는 장미 꽃잎을 띄웠습니다. 가을에는 지금처럼 배를 띄웠고 겨울에는 녹말 국수를 말아 먹었다고 합니다.

지금 우리의 음식 문화

　음식은 시대마다 유행이 있습니다. 전통 음식도 조금씩 변하면서 발전하게 마련입니다. 또 다른 음식 문화와 서로 영향을 주고받으면서 더욱 맛있고 새로운 것으로 태어나기도 합니다.

　그렇게 해서 우리는 더욱 다양한 음식들과 만납니다. 오늘날 우리가 먹는 음식들은 전통 음식에서부터 다른 나라에서 들어온 음식, 전통 음식과 외국의 음식이 어우러진 새로운 형태의 음식까지 다양합니다. 이 장에서는 요즘 우리 음식으로 새롭게 등장한 음식들에 대해 알아봅니다.

　더불어 요즘 우리가 먹는 식품들에 문제가 없는지 살펴봅니다. 오늘날 지구는 점점 더 오염되어 가고 있습니다. 따라서 자연에서 생산되는 식품들도 안전하지 않습니다. 오염된 식품을 먹으면 건강한 삶을 누릴 수 없겠지요.

새롭게 등장한 음식

국민의 간식, 고추장 떡볶이

떡볶이는 우리나라 사람이면 누구나 좋아하는 국민 간식입니다. 우리 민족은 매운 것을 좋아하고 쫀득쫀득한 떡도 좋아하는데, 이 둘이 결합했으니 당연히 인기가 있을 수밖에요.

우리의 전통 음식 중에도 떡볶이가 있었습니다. 전통 떡볶이는 매우 고급스러운 음식으로, 요새는 궁중떡볶이라고 부릅니다. 이것은 가래떡에 고기와 야채를 함께 넣고 볶아서 간장과 소금으로 간을 한 것입니다. 고추장은 들어가지 않습니다. 궁중떡볶이는 고급스러운 요리로 손색이 없고 맛이 좋아서 세계에 자랑스럽게 소개할 수 있는 우리 요리입니다.

떡볶이

요즘 먹는 빨간 고추장 떡볶이는 언제부터 시작됐는지 정확히 알 수 없습니다. 다만 6.25 전쟁 이후에 만들어졌을 것으로 추정되므로 새롭게 개발된 우리 음식인 셈입니다.

요즘에는 떡볶이가 변화된 형태로 떡꼬치라는 것도 나왔습니다. 떡을 살짝 지져 꼬치에 끼운 뒤 고추장과 케첩 소스를 바른 것입니다. 꼬치에 끼워져 있고 국물이 흐르지 않아 들고 다니며 먹을 수 있어서 어린이들이 많이 사 먹는 간식 중 하나입니다.

우리 음식이 된 짜장면

어른 아이 할 것 없이 우리나라 사람들 누구나 좋아하는 음식으로 짜장면을 빼놓을 수 없습니다. 옛날에는 초등학교부터 대학교까지 졸업식이나 입학식이 있으면 중국집이 가득 찼습니다. 값도 싸고 맛도 좋은 짜장면을 먹으며 졸업과 입학을 축하했기 때문입니다. 지금은 사 먹을 만한 음식이 많아져서 그런 풍속은 점차 사라져 갑니다. 그러나 짜장면은 여전히 우리나라 사람들의 마음에 맛있는 음식으로 남아 있습니다.

짜장면은 중국집에서 팝니다. 그걸 보면 짜장면은 분명 중국 음식에서 유래된 것입니다. 그러나 중국에서는 우리나라에서 먹는 짜장면을 사 먹을 수 없습니다. 중국에서 들어온 음식이지만 이미 우리 입맛에 맞게 변해 버렸기 때문입니다. 중국에는 중국 된장을 볶아서 국수 위에 부어 먹는 작장면이 있다고 합니다. 오래된 북경 음식으로 우리나라 중국 음식점에서 파는 달콤한 짜장면 맛이 아니라고 합니다.

우리나라에 짜장면이 들어온 지는 이미 100년이 넘었습니다. 1899년,

 인천에 중국인 거주 지역이 만들어진 이후 그곳에 사는 중국인들이 북경식 작장면을 만들어 팔기 시작했다고 합니다.

 중국 작장면은 짜장에 물을 섞지 않아 뻑뻑한 느낌인데, 우리 짜장면은 물을 섞어서 더 부드럽게 만들었습니다. 또 좀 더 단맛도 가미했고요. 이렇게 조금씩 우리나라 사람 입맛에 맞추다 보니 오늘날의 짜장면 맛에 이르게 되었다고 합니다.

 짜장면과 더불어 중국 음식 중에서 우리나라 사람들이 좋아하는 것으로 탕수육을 들 수 있습니다. 탕수육은 돼지고기를 튀겨 낸 뒤 여러 가지 야채를 볶아 만든 새콤달콤한 녹말 소스를 걸쭉하게 끼얹어 먹는 요리입니다.

탕수육도 짜장면처럼 원래 중국 요리를 우리식으로 조금 바꾼 것이라고 합니다. 중국식 탕수육은 '앵도육'이라고 하는데, 전분을 묻히지 않고 튀겨서 물렁물렁합니다. 우리나라에서는 고기에 녹말을 묻혀 바싹 두 번 튀겨 바삭바삭하고 독특한 맛을 내지요.

이렇듯 짜장면과 탕수육은 원래 중국 음식이지만, 우리나라에서 우리식으로 새롭게 개발한 음식입니다.

꼬불꼬불 라면

라면은 동양의 국수 문화가 서로 오고 가면서 만들어 낸 새로운 식품입니다. 원래 라면의 원조는 중국의 마른 국수라고 할 수 있습니다. 지금 우리가 먹는 인스턴트 라면은 일본에서 개발한 것입니다. 라면은 동양뿐 아니라 세계 어느 곳에서도 쉽게 구할 수 있는 인기 있는 식품이 되었습니다.

라면은 국수를 튀긴 것입니다. 중국에도 국수를 튀기는 방식의 요리법이 있기는 하지만, 본격적으로 국수를 튀겨서 사용한 나라는 일본이었습니다.

1958년, 오사카의 한 사업가가 튀김을 파는 음식점에 들어갔다가 튀김 만드는 것을 보았습니다. 그는 밀가루로 튀김을 만드는 것을 보고, 문득 밀가루로 만드는 국수도 튀기면 어떨까 생각했습니다. 그리고 실제로 튀긴 국수를 만들어 보았지요. 우선 닭기름에 튀겨 보았더니 맛이 꽤 괜찮았다고 합니다.

사업가였던 그는 이것을 상품으로 만들어 보기로 했습니다. 처음에 상품으로 내놓았을 때는 수프가 따로 없었습니다. 그래도 인기가 좋아 아주 잘 팔렸다고 합니다.

일본에는 튀겨서 말린 인스턴트 라면뿐 아니라 생라면 등 라면의 종류도 많고, 라면의 국물도 해물, 야채 등 갖가지 재료를 첨가해 독특하게 만들어 내고 있습니다.

라면

우리나라에서는 1963년에 처음 라면이 등장했습니다. 그 뒤로 간식으로 또는 식사 대용 식품으로 이용되고 있습니다. 그러나 라면은 여러 가지 영양이 고루 들어 있는 음식이 아니므로 자주 먹는 것은 좋지 않겠지요. 또 라면 하나에 들어 있는 열량이 너무 많아서 간식으로 자주 먹으면 살이 찌기 쉽습니다.

요즘 유행하는 퓨전 요리

'퓨전'(fusion)이란 말에는 서로 다른 것들이 합쳐진다는 뜻이 있습니다. 그래서 '퓨전 요리'라고 하면 서로 다른 민족의 음식이 조화를 이루어 만들어진 새로운 요리를 가리킵니다. 우리나라에는 다른 나라에서 볼 수 없는 햄버거가 있습니다. 김치버거가 그것입니다. 서양 음식인 햄버거와 우리 전통 음식인 김치를 결합시켜 아주 새로운 맛을 지닌 음식이 탄생했습니다. 김치버거가 바로 퓨전 요리의 좋은 예입니다.

돈가스와 카레라이스

돈가스는 일본 요리입니다. 서양에서는 이것을 '포크커틀릿'이라고 합니다. 커틀릿은 소고기나 돼지고기에 밀가루, 계란, 빵가루를 차례로 입혀서 튀긴 것입니다. 이 요리가 일본 사람들의 입맛을 사로잡았습니다. 그런데 왜 돈가스라고 부르게 되었을까요? 돈(豚)은 돼지를 가리키는 한자어입니다. 가스는 커틀릿을 일본식으로 줄여 읽은 것입니다. 그래서 돼지고기를 튀긴 요리를 돈가스라고 부르게 된 것이지요.

지금은 일본식 돈가스가 우리나라는 물론이고 세계적으로도 유명해졌습니다. 돈가스는 다른 나라가 가진 장점을 가져와 자신들의 것으로 만드는 기술이 뛰어난 일본인의 특징을 유감없이 보여 주는 음식입니다.

돈가스처럼 우리나라 음식 같지는 않은데 자주 먹는 것이 또 있습니다. 바로 카레라이스입니다. 노란 카레 소스를 밥 위에 부어 먹는 카레라이스는 흔히 인도 요리의 하나로 생각합니다. 그러나 카레라이스는 여러 나라에서 합작해 만들어 낸 음식입니다.

인도에는 다양한 향신료들이 매우 많은데 그것을 커리(curry)라고 합니다. 처음에 영국 요리사가 이 커리를 이용해서 서양식으로 새로운 요리를 만들었습니다. 인도와 영국의 합작 요리인 셈이지요.

일본에서는 '돈부리'라고 부르는 덮밥이 인기가 좋습니다. 밥 위에 무엇이든 얹어 먹는 것입니다. 그런데 마침 서양에서 이 커리 요리가 일본에 전해지자 밥 위에 커리를 올려 먹었습니다. 여기서 '카레리이스'라는 새로운 퓨전 음식이 탄생한 것입니다. 카레는 커리의 일본식 발음이고 라이스(rice)는 밥을 일컫는 영어입니다.

카레라이스는 우리나라에 들어와 우리의 입맛에도 잘 맞아 인기 있는 음식이 되었습니다.

카레라이스

패스트푸드와 슬로푸드

패스트푸드는 현대인들의 간편한 식사로 인기가 있습니다. 패스트푸드(fastfood)는 빠르다는 뜻의 '패스트'와 음식이라는 뜻의 '푸드'가 결합된 말로 빨리 만들어 빨리 먹을 수 있는 음식을 가리킵니다. 피자, 햄버거, 튀김, 밀크셰이크, 비스킷, 콜라, 커피 등을 들 수 있습니다.

최근에는 이런 음식들을 정크 푸드(junkfood), 곧 '쓰레기 음식'이라고도 합니다. 열량은 높은데 영양가가 낮아서 건강에 좋은 음식이 아니기 때문입니다. 패스트푸드점에서 파는 음식에는 육류가 많고, 소금, 설탕, 조미료가 너무 많이 들어갑니다.

육류를 먹을 때는 채소를 많이 곁들여 먹어야 영양의 균형을 맞출 수 있습니다. 그러나 패스트푸드에는 채소나 과일이 많이 들어가지 않습니다.

이런 문제점을 생각하며 요즘 슬로푸드 운동이 벌어지고 있습니다. 슬로푸드(slowfood)는 느리다는 뜻의 '슬로'와 음식이라는 뜻의 '푸드'가 결합된 말입니다. 많은 시간을 들여 정성껏 요리를 만들고 그 음식을 천천히 즐기며 먹는다는 뜻을 담고 있습니다.

슬로푸드 운동을 맨 먼저 전개한 나라는 이탈리아입니다. 거대한 패스트푸드점에서 파는 햄버거나 피자 때문에 이탈리아의 맛있고 영양가 많은 진짜 피자와 파스타 등의 전통 음식들이 점점 사라져 가는 것을 막기 위해서였습니다.

슬로푸드 운동의 첫째 목표는 무엇보다 건강을 지키는 식사를 하자는 것입니다. 급하게 만들어 급하게 먹는 것은 건강에 좋지 않기 때문입니다. 또 천천히 음식의 맛을 즐기며 여유 있게 생활하자는 뜻도 담겨 있습니다.

우리나라의 김치나 된장, 고추장에서부터 식혜와 수정과 같은 음료수, 집에서 만든 반찬들이 바로 슬로푸드라고 할 수 있습니다.

무엇을 먹을 것인가?

백설 공주의 사과와 오염된 음식

 백설 공주 동화에서 마녀 왕비는 새빨갛고 맛있게 생긴 사과를 백설 공주에게 줍니다. 그러나 그 사과에는 독이 들어 있었지요. 요즘 우리가 먹는 음식에도 백설 공주의 사과와 같은 것이 많습니다. 겉으로 보기에는 좋지만 속을 살펴보면 우리 몸에 독이 되는 음식이 많다는 뜻입니다.

 음식은 매일 우리 몸속으로 들어와 피와 살을 만들어 주고 우리를 움직일 수 있게 합니다. 음식은 우리 생명을 유지하게 해 주는 고마운 존재이지요. 그런데 요즘에는 환경 오염과 식품 오염으로 오히려 건강을 해치는 음식이 많아졌습니다. 그래서 음식을 먹을 때는 그 음식의 맛보다 먼저 생각할 것이 있습니다. 그 음식이 우리 몸을 건강하고 활기차게 해 주는 것인지 먼저 따져 봐야 하지요.

 우리가 먹는 식품은 대부분 자연에서 생산됩니다. 자연이 오염되면 당연히 우리가 먹는 식품도 오염됩니다. 지금 우리가 먹는 식품 속에는 우리가 모르는 좋지 않은 성분들이 들어 있는 경우가 많습니다.

곡식과 채소의 경우, 농산물로 판매하기 위해 작물을 기르는 과정에서 농약을 많이 뿌립니다. 작물의 성장을 방해하는 벌레들과 잡초들을 손쉽게 없애 버리기 위해서이지요. 농약은 우리가 먹는 곡식과 채소와 과일에도 남습니다. 아무리 잘 씻어도 농약 성분이 몸속에 조금씩 남게 되고, 계속 쌓이면 건강에 문제가 일어날 수 있습니다.

고기도 문제가 많습니다. 가축을 빨리 크게 키워서 팔고 싶어, 가축의 성장을 촉진하는 호르몬을 투여합니다. 또 가축을 대량으로 기르다 보니 하나가 병에 걸리면 모두 병에 걸리는 일이 발생하므로 병에 걸리지 말라고 항생제 주사를 맞힙니다. 이런 주사 성분은 그냥 사라져 버리지 않

고 고기를 먹은 사람의 몸속에 쌓여 갑니다. 특히 어린이에게는 더욱 좋지 않겠지요. 가축의 몸속에 있는 성장호르몬제 성분이 어린이들을 너무 빨리 성장하게 하는 병에 걸리게도 합니다. 세균에 감염되어 몸이 아플 때는 항생제를 먹어야 낫습니다. 그러나 항생제를 투입해 기른 동물의 고기를 꾸준히 먹다 보면 내성이 생겨, 염증을 없애 주는 항생제를 먹어도 효과가 없고 병이 크게 악화되는 일이 생긴다고 합니다.

이렇게 우리가 먹는 음식이 건강을 위협하게 되자, 건강한 농사법을 생각하게 되었습니다. 그래서 '유기농' 농사 방식이 나왔습니다. 자연과 인간 모두에게 피해를 주는 농약 대신 청둥오리나 논우렁이를 키워 벌레와 잡초를 없애는 방법을 쓴다든지, 화학비료 대신 천연 재료로 퇴비를 만드는 방식을 도입하는 등 여러 가지 유기농 방식이 시도되고 있습니다. 덕분에 우리나라는 예전보다 농약을 덜 쓰거나 안 쓰고 생산하는 안전한 농축산물이 많아지고 있습니다.

우리가 먹고 있는 음식들 가운데 수입된 식품이 너무 많은 것도 문제입니다. 수입 식품들은 대부분 유기농으로 재배하지 않습니다. 그런데 이런 식품들이 여러 가지 가공식품에 섞여 들어갑니다. 우리가 먹는 식용유를 비롯해 각종 소스와 달콤한 과자류까지 여기저기 안 들어가는 데가 없습니다. 더구나 수입되는 신선식품은 우리나라로 수송하는 과정에서 썩지 말라고 방부제를 듬뿍듬뿍 뿌린다고 합니다.

어린이들이 좋아하는 빵과 과자에도 오래 누어도 썩지 않도록 방부제를 넣은 것이 많습니다. 가뜩이나 외국에서 수입한 농산물에는 방부제가 많이 들어가는데, 그런 수입 농산물로 빵과 과자를 만들고 거기에 다시 방부제를 넣습니다. 그러니 도대체 건강하려면 어떻게 해야 할까요?

　식품을 담는 용기도 문제가 있습니다. 통조림 같은 가공식품에는 환경 호르몬이 들어 있다고 합니다. 일회용 포장 용기, 일회용 라면 용기, 일회용 컵에서도 모두 환경 호르몬이 검출된다고 합니다. 환경 호르몬이 인체에 쌓이면 암에 걸리거나 아기를 낳지 못하게 되기도 하고, 기형아를 낳을 가능성도 있다고 알려져 있습니다. 이제 우리가 먹고 있는 음식이, 백설공주가 먹은 독이 든 사과와 같은 식품은 아닌지 생각해 보고 먹어야겠지요.

　인류는 날마다 많은 음식을 먹고 삽니다. 그 음식들은 우리를 건강하게도 하고 병들게도 합니다. 맛있는 음식을 걱정하지 않고 잘 먹어 건강하게 살 수 있으면 좋겠습니다. 그리고 지구가 더 이상 아파하지 않고 건강

하게 회복되었으면 좋겠습니다. 그러기 위해서는 많은 사람들의 지혜와 노력이 필요합니다.

프랑켄슈타인 음식과 유전자 변형 식품(GMO)

19세기 초에 영국의 작가 메리 셸리는 『프랑켄슈타인』이라는 소설을 내놓았습니다. 그 소설의 주인공인 프랑켄슈타인 박사는 시체들을 이리저리 꿰어 붙여 인조인간을 만듭니다. 인조인간은 괴물에 가까운 모습이라 사람들에게 따돌림을 당하고 괴롭힘을 받았습니다. 그러다가 그만 화가 나서 세상 사람들을 해치는 진짜 괴물이 되고 맙니다.

그런데 현대에 새로운 형태의 음식이 나타났습니다. '프랑켄슈타인'과 음식을 뜻하는 영어인 '푸드'를 합쳐 '프랑켄푸드'라고 부르는 것입니다. 프랑켄푸드는 프랑켄슈타인 박사처럼 이 생명과 저 생명들의 유전자를 이리저리 꿰어 붙여 새롭게 탄생시킨 식품을 가리키는 말입니다. 곧 '유전자 변형 식품' 또는 '유전자 조작 식품'의 별명입니다.

우리는 알게 모르게 이미 많은 유전자 변형 식품을 접하고 있습니다. 유전자 변형 옥수수는 옥수수를 이용해 만든 각종 빵과 과자는 물론 여러 식품에 두루 첨가되는 물엿과 액상 과당에 이르기까지 우리 식생활에 깊숙이 자리 잡고 있습니다. 유전자 변형 콩의 경우에도 가장 많이 사용되는 콩기름부터 두부, 된장, 간장까지 우리 음식에서 빠질 수 없는 식재료에 널리 사용되고 있습니다.

유전자 변형 작물은 환경 문제도 해결하고 세계적인 식량 부족도 해결할 수 있으리란 기대를 갖게 했습니다. 그렇게 해서 개발된 유전자 변형 옥수수나 유전자 변형 콩의 경우, 해충이 작물을 먹으면 죽도록 유전자를 조작했습니다. 그러면 따로 농약을 많이 치지 않아도 되니 환경에도 도움이 되리라 기대했지요. 그러나 시간이 지나자 문제가 발생했습니다. 해충들에게 내성이란 것이 생겼습니다. 독성을 자꾸 먹다 보니 그 독성을 이기고 살아남는 개체들이 생겨난 것입니다. 다시 해충이 들끓고 잡초가 무성해졌습니다. 처음의 기대와는 달리 더 많은 농약을 퍼부어야만 했습니다. 문제가 더욱더 커진 것입니다.

전갈의 독을 주입한 유전자 변형 양배추는 식물에 곤충의 유전자를 끼워 넣은 경우입니다. 이제 유전자가 변형된 양배추는 맹독을 품고 자라 양배추 잎을 갉아먹는 쐐기벌레를 즉사시킵니다. 그러나 생명의 힘은 대단합니다. 쐐기벌레도 그 독을 이겨내는 개체들이 생기면서 실패로 돌아갔다고 합니다.

토마토에 생선의 유전자를 끼워 넣기도 했습니다. 원래 토마토는 추위에 약합니다. 그런데 찬 바다에 사는 '윈터 플라운더'라는 가자미는 추위에 잘 견딜 수 있는 유전자를 가지고 있습니다. 그래서 북극 바다에 사는 가자미로부터 추위에 잘 견디는 유전자를 추출해 토마토의 유전자에 끼워 넣어 추위에 끄떡없는 토마토를 만들기도 했습니다.

요즘에는 식물과 동물의 유전자를 마구 섞는 방식 대신, 유전자 가위 기술을 이용해 해당 유전자를 편집하는 방식도 새롭게 나오고 있습니다. 이 방식은 자연에서 발생하는 유전적 돌연변이와 유사합니다. 그래서 이렇게 유전자를 편집해서 생산한 식재료들은 비교적 안전하지 않을까 기대하는 사람들도 있습니다. 실제로 유전자 편집을 한 '마다이' 참돔이라는 생선은 살이 50%나 많다고 합니다. 살이 많으니 먹기에는 좋겠지만, 사람과 자연에 과연 안전할까요?

1994년 유전자 변형 식품이 등장한 이후 찬성과 반대 의견이 분분합니다. 그러나 유전자 변형 식품의 안전성에 대해서는 아직도 결론이 나지 않았습니다. 안전에 문제가 없다는 주장도 많지만, 여러 가지 동물 실험에서 알레르기나 암과 같은 병들이 생길 수 있다고 하니 여전히 안전하지 않을 가능성이 남아 있습니다.

나라마다 다른 의견을 보이기도 합니다. 유럽에서는 안전하다는 증거가 없으니 조심해야 한다는 입장입니다. 그래서 유전자가 변형된 성분을 사용하면 모든 제품에 표시를 하게 되어 있습니다. 유럽은 유전자 변형 작물 재배도 신중하게 검토하고, 유럽 시민들도 되도록 유전자 변형 식품을 먹지 않으려고 합니다. 반면 미국에서는 안전하지 않다는 분명한 증거도 없으니 그냥 받아들이자는 입장입니다. 그래서 특별히 성분 표시도 하지 않습니다. 우리나라에서는 표시하기도 하고, 하지 않기도 합니다. 그래서 유전자 변형 성분이 들어간 제품을 먹고 싶지 않은 사람도 모르고 먹게 되는 일이 많습니다. 무엇을 먹는지 모르고, 내가 선택해서 먹을 수 없는 것이지요. 유럽에 비해 안전을 선택할 자유가 없는 셈입니다.

유전자 변형 식품을 먹으면 우리 몸에 문제가 생길까요? 아직 알 수 없습니다. 그런데 그보다 더 큰 문제가 있습니다. 유전자 변형 작물이 환경에 나쁜 영향을 끼치기 때문입니다. 농사에서 풀은 농사를 망치는 큰 골칫거리입니다. 그래서 잡초를 없애는 제초제를 만들어 뿌렸는데, 제초제가 독성이 강하다 보니 작물까지 죽이곤 했습니다. 유전자 변형 콩은 제초제를 뿌려도 죽지 않는 내성을 지니도록 개발되었습니다. 이렇게 되면 제초제를 덜 사용하여 환경에 좋다고 선전했지요. 그러나 결과는 더 나빠졌습니다. 농민들은 제초제를 뿌려도 콩이 죽지 않으니 제초제를 마구 뿌려 제초제의 사용량이 오히려 늘었습니다. 인체에 대단히 위험한 독성 물질을 가진 제초제를 이렇게 뿌려 대면 사람과 자연에 해롭겠지요. 반면에 거대한 제초제 생산 기업은 큰 이득을 거둡니다.

문제는 여기서 끝나지 않습니다. 인류가 농사를 시작한 이래 농민은 곡식이든 채소든 과일이든 그 종자를 거두고 보관하여 이듬해에 파종해 왔습니다. 그런데 지금은 다릅니다. 특히 유전자 변형 콩이나 유전자 변형 옥수수를 재배하는 농민은 기업에 돈을 주고 종자를 사야만 합니다. 매년 가격도 오릅니다. 농민들은 점점 가난해지고, 많은 농민이 농사를 포기하기도 합니다.

음식은 생각만 해도 우리를 즐겁게 합니다. 하지만 우리가 먹는 음식이 지구를 망치는 방식으로 만들어져서는 안 되겠지요. '어떤 음식을 먹을까' 하고 음식에 대해 생각하다 보면 우리가 어떤 세상을 만들어 갈 것인지에 대해 생각하게 됩니다. 좋은 음식, 나쁜 음식, 이상한 음식이 있습니다. 여러분은 어떤 음식을 선택하고, 만들고, 먹겠습니까? 우리의 선택은 지구 환경과도 관련되어 있습니다.

미래의 음식은?

시대가 변하면 음식도 변하게 됩니다. 좋은 전통은 지켜지겠지만, 변화되는 사회에 맞게 음식과 음식 문화도 바뀌어 갈 것입니다. 미래에는 어떤 음식을 먹게 될까요?

현대 사회에서 음식은 단순히 맛있는 것을 넘어 우리에게 심각한 문제로 다가오고 있습니다. 음식이 만들어지는 과정에서 발생하는 환경 파괴, 생태계 교란 등과 그에 따른 기후 위기에 이르기까지 많은 문제와 연관되어 있습니다.

맛있는 고기를 먹기 위해서는 가축을 길러야 하는데, 그 가축들은 메탄 방귀를 뽕뽕 뀌어 지구의 대기를 크게 오염시킵니다. 메탄가스는 지구 온난화를 가속시키지요. 지구 온난화는 지구 전반에 기후 위기를 일으키고, 기후가 이상하니 적절한 기후가 필요한 농산물이 제대로 자라지 못합니다. 또 그 많은 가축을 기르려면 가축에게 먹일 곡물의 양도 어마어마합니다. 사료용 곡물을 생산하느라 산과 들을 파괴하며 밭을 만들어야 합니다. 그러다 보니 지구 생태계는 더욱 파괴되고 기후 위기는 점점 더 심해집니다.

지구 생태계에 문제가 생기고 기후 위기까지 덮쳐서 세계 곳곳에서는 홍수와 가뭄은 물론이고 이상 고온과 이상 한파와 같은 '이상 기후 현상'이 일어나고 있습니다. 이 때문에 농사와 축산 모두 위기에 처하고 있습니다. 기후 위기는 곧 식량 위기이기도 한 것이지요.

그래서 사람들은 각자 이 문제를 해결할 방법들을 생각했습니다. 어떤 사람들은 고기를 먹지 않으면 지구도 살고 인간도 살고 지구의 모든 생명이 평안해질 거라며 채식만 하겠다고 선언합니다. 그런 사람들이 점점 많아지고 있습니다. 어떤 사람들은 고기는 절대 포기할 수 없는데 지구가 망가져 가니 과학기술을 이용하여 가축을 기르는 대신 고기를 배양해서 생산하자고 합니다. 배양육이라는 것인데, 이미 실험에 성공했다고 합니다. 고기를 먹는 사람들이 그런 고기를 좋아할지는 의문이지만, 사람들은 이처럼 다양하게 문제를 해결하려 노력하고 있습니다.

고기 대신 단백질을 공급해 줄 주요한 식량으로 식용 곤충이 떠오르고 있습니다. 식용 곤충을 식량으로 삼으면 영양가도 높고 기를 때 발생하는 환경 문제도 크게 없어서 가장 좋은 미래의 대안 식량이 된다는 것이지요. 가축과 식용 곤충을 각각 기르기 위해 들어가는 먹이와 물의 양을 비교하면 식용 곤충은 아주 뛰어난 점수를 받을 수 있습니다. 적은 양의 물과 먹이만으로도 훌륭한 단백질을 생산할 수 있으니까요. 2023년 현재 우리나라에서는 메뚜기, 누에 번데기, 장수풍뎅이 유충 등 10종의 곤충이 일반 식품원료로 이미 지정되어 있습니다.

곤충을 좋아하는 친구들도 많지만, "우웩, 벌레다!" 하면서 근질근질 스멀스멀 징그럽다고 느끼는 친구들도 많겠지요. 그러나 인간이 곤충을 먹은 역사는 꽤 깁니다. 우리나라에서도 수십 년 전까지는 논밭에 흔한 메뚜기를 잡아서 굽거나 튀겨 먹곤 했습니다. 특히 간식도 귀하고 단백질을 섭취하기 어렵던 시절에는 어린이들이 직접 잡아서 맛있게 먹었지요. 근대화 이후 논밭에 농약이 뿌려진 뒤로는 메뚜기도 사라져 먹을 일도 없어졌고, 다른 먹을거리도 많아졌습니다. 지금도 우리나라에서는 누에 번데기를 잘 먹습니다. 물론 못 먹는 사람도 많지만요. 또 중국이나 동남아시아의 시장에 가면 온갖 식용 곤충들이 간식거리로 잘 팔리고 있습니다. 겉보기와 달리, 먹어 보면 고소하고 맛이 꽤 좋습니다. 거저리 튀긴 것은 감자튀김이나 새우튀김 맛이 납니다. 그러나 미래 식량으로 등장할 식용곤충은 아마도 형태가 없는 가루 상태로 다양한 음식에 사용될 겁니다. 곤충의 형태를 그대로 먹게 되지는 않겠지요.

곤충까지 길러서 먹어야 한다는 음식의 미래는 우리가 그동안 무분별하게 지구를 해쳐 온 결과입니다. 미래에 우리가 무엇을 먹을 수 있을까는 우리가 지구를 얼마나 회복시킬 수 있는가에 달려 있습니다.

나가며

우리 조상들은 대대로 오염되지 않은 건강한 땅에서 생산된 좋은 식재료들을 사용해 맛있고 몸에 좋은 음식을 만들어 왔습니다. 이렇게 이어진 우리 전통 음식은 오늘날 한국 문화의 중요한 한 갈래로 세계인들의 사랑을 받고 있습니다. 오랜 전통을 가지고 발전해 온 우리나라 음식은 앞으로 또 어떻게 변화하고 발전하게 될까요? 음식으로 자연을 살리고 음식으로 좋은 문화와 역사를 만들 수 있도록 모두 지혜를 모아 나갔으면 좋겠습니다.

부록

옛날에도 요리책이 있었을까?

여성이 쓴 최초의 한글 요리책, 『음식디미방』

『음식디미방』은 우리나라 최초로 여성이 쓴 한글 요리책입니다. 책 이름인 음식디미방은 '음식 맛을 아는 방법'이라는 뜻입니다. 저자는 사대부 집안의 여성 장계향(1598~1680)입니다. 저자는 70세를 넘긴 나이에 이 책을 썼다고 해요. 나이가 많아 글자도 가물가물 잘 안 보였지만 후손들을 위해 이 요리책을 썼답니다.

『음식디미방』에는 집안에서 전해지는 음식 조리법과 자기가 개발할 음식 조리법들까지 정성스럽게 기록되어 있습니다. 책이 완성된 시기는 1670년에서 1680년 사이로 추정됩니다. 『음식디미방』 덕분에 우리는 수백 년 전 17세기 양반 가정의 식생활을 고스란히 들여다보듯 알 수 있게 되었습니다.

『음식디미방』이 나오기 이전에도 요리책들은 있었지만 대개 남성들이 한문으로 쓴 것이었습니다. 당시 매일매일 부엌에서 음식을 만든 이들은 여성이었지요. 『음식디미방』은 매일 음식을 만들어 온 여성이 직접 조리 과정을 상세히 정리했다는 점에서 의의가 큽니다. 또한 당시 여성들은 한문을 익힐 기회가 없어서 한문으로 기록된 요리책은 읽을 수가 없었어요. 그런데 『음식디미방』은 한글로 기록되어 직접 요리를 담당하는 여성들이 쉽게 참고하고 활용할 수 있었습니다.

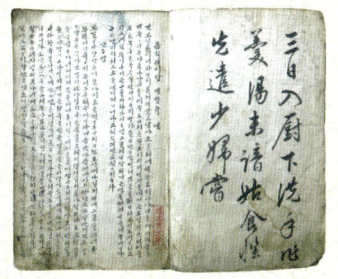

『음식디미방』

책을 펼치면 가장 먼저 중국 당나라의 시인이 지은 시가 한자로 나옵니다. '시집 온 지 사흘 만에 부엌에 들어가 손을 씻고 국을 끓이지만, 어머니의 식성을 몰라 어린 소녀를 보내 먼저 맛보게 하네.'라는 내용입니다. 음식을 준비하는 정성스러운 마음을 강조하는 시로 이 한시를 제외하고는 음식의 요리 방법이 한글로 씌어 있어 여성들이 쉽게 참고할 수 있었습니다.

잡채

『음식디미방』의 조리법대로 만든 잡채입니다. 요즘 우리가 먹는 잡채와 달리 당면이 들어가지 않습니다. 대신에 색색깔의 채소를 볶고 삶은 꿩고기를 가늘게 찢어 내지요.

석류탕

만두를 석류 모양으로 빚어 만든 국입니다. 한 입에 쏙 들어가는 크기의 이 만두를 『음식디미방』에서는 그릇에 서너 개씩 담아 술안주로 쓰라고 합니다. 조리 방법뿐 아니라 내는 방법도 알려주는 것입니다.

부록

옛날에도 요리책이 있었을까?

보물로 지정된 『수운잡방』

『수운잡방』은 1500년대 초에 저술된 음식 조리서입니다. 『수운잡방』에는 각종 장류와 식초 만드는 법, 침채라고 기록한 다양한 재료로 김치 담그는 법, 과자와 사탕 만드는 법 등의 내용이 잘 정리되어 있습니다. 『수운잡방』을 보면 5백여 년 전 우리 조상들이 어떤 음식을 어떻게 조리해 먹었는지 알 수 있습니다. 그래서 2021년, 문화재청은 『수운잡방』을 보물로 지정했습니다.

『수운잡방』의 저자는 경상북도 안동에 살던 유학자 김유와 그의 손자 김영입니다. 할아버지 김유가 썼고, 뒤에 손자 김영이 보충한 부분이 붙어 있습니다. 김유의 집안은 제사도 많았고 손님들을 접대할 일도 많았습니다. 제사를 지내거나 손님을 접대할 때 음식은 가장 중요한 부분입니다.

김유는 좋은 음식을 정성껏 만들어 여러 사람과 나누는 것을 좋아했다고 합니다. 만약 손님 중에 비염을 앓는 분이 오면 비염 치료에 좋은 음식을 대접했답니다. 그의 집안에는 대대로 의학자들이 많아 김유도 자연스럽게 의학 지식을 많이 알았습니다. 한의학에서는 음식과 약이 다르지 않다고 봅니다. 김유가 『수운잡방』에 자세히 기록해 둔 음식들은 그야말로 맛과 건강이 고루 담겨 있을 것 같아요.

『수운잡방』
한자로 수운(需雲)은 구름이 하늘로 올라 비가 오기를 기다릴 때 먹는 품격 있는 음식을 뜻하고, 잡방(雜方)은 여러가지 방법을 뜻합니다. 곧 수운잡방이란 품격 있는 음식을 만드는 여러 가지 방법을 나타내지요.

수과저
『수운잡방』의 조리법대로 만든 오이 김치입니다. 고춧가루가 들어가지 않고, 지금의 오이지와 비슷합니다. 오이가 물러지거나 곰팡이가 피지 않도록 할미꽃과 힘께 소금물에 담가 만듭니다.

분탕
『수운잡방』에 나오는 음식에는 고춧가루와 마늘, 돼지고기가 쓰이지 않습니다. 이 분탕은 소고기, 청포묵, 미나리, 도라지에 맑게 끓인 육수를 끼얹어 만듭니다.

사진 출처 및 제공

- 17p **빗살무늬토기** 국립중앙박물관
- 19p **반달돌칼** 국립중앙박물관
- 19p **갈돌** 한국관광공사(김지호)
- 28p **잡곡밥** 게티이미지뱅크
- 55p **신선로** 게티이미지뱅크
- 70p **탕평채** 국립민속박물관
- 86p **고추장** 게티이미지뱅크
- 93p **김치** 한국관광공사(알렉스 분도)
- 95p **새우젓** 크라우드픽
- 96p **총각김치** 게티이미지뱅크
- 124p **김말리기** 게티이미지뱅크
- 129p **콩나물국** 크라우드픽
- 130p **진달래 화전** 크라우드픽
- 135p **부럼** 게티이미지뱅크
- 141p **화전** 게티이미지뱅크
- 147p **구절판** 국립민속박물관
- 165p **약식** 게티이미지뱅크
- 168p **시루떡** 게티이미지뱅크
- 172p **다식판, 다식** 국립민속박물관
- 173p **약과** 게티이미지뱅크
- 178p **수정과** 게티이미지뱅크
- 182p **떡볶이** 게티이미지뱅크
- 186p **라면** 게티이미지뱅크
- 188p **카레라이스** 게티이미지뱅크
- 201p **음식디미방** 경북대 도서관
- 201p **잡채** 영양군청
- 201p **석류탕** 장계향문화체험교육원
- 203p **수운잡방** 수운잡방체험관
- 203p **수과저** 수운잡방체험관
- 203p **분탕** 수운잡방체험관